रज़ा पुस्तक माला

कवि का मार्ग

कमलेश से संवाद

रज़ा फ़ाउण्डेशन | THE RAZA FOUNDATION

कवि का मार्ग

कमलेश से संवाद

उदयन वाजपेयी

राजकमल प्रकाशन

रज़ा पुस्तक माला : संवाद
प्रधान सम्पादक : अशोक वाजपेयी | सम्पादक : पीयूष दईया
राजकमल प्रकाशन प्रा.लि. और रज़ा फ़ाउण्डेशन का सह-प्रकाशन

ISBN : 978-81-267-3092-6

मूल्य : ₹399

पहला संस्करण : 2018

प्रकाशक : राजकमल प्रकाशन प्रा. लि.
1-बी, नेताजी सुभाष मार्ग, दरियागंज
नई दिल्ली-110 002

शाखाएँ : अशोक राजपथ, साइंस कॉलेज के सामने, पटना-800 006
पहली मंजिल, दरबारी बिल्डिंग, महात्मा गांधी मार्ग, इलाहाबाद-211 001
36 ए, शेक्सपियर सरणी, कोलकाता-700 017

वेबसाइट : www.rajkamalprakashan.com
ई-मेल : info@rajkamalprakashan.com

मुद्रक : यश प्रिंटोग्राफिक्स
नोएडा-201301 (उत्तर प्रदेश)

KAVI KA MARG : KAMALESH SE SAMWAD
(Conversation with Kamalesh) by Udayan Vajpeyi

आमुख

कलाओं में भारतीय आधुनिकता के एक मूर्धन्य सैयद हैदर रज़ा एक अथक और अनोखे चित्रकार तो थे ही उनकी अन्य कलाओं में भी गहरी दिलचस्पी थी। विशेषत: कविता और विचार में। वे हिन्दी को अपनी मातृभाषा मानते थे और हालाँकि उनका फ्रेंच और अँग्रेज़ी का ज्ञान और उन पर अधिकार गहरा था, वे, फ्रांस में साठ वर्ष बिताने के बाद भी, हिन्दी में रमे रहे। यह आकस्मिक नहीं है कि अपने कला-जीवन के उत्तरार्द्ध में उनके सभी चित्रों के शीर्षक हिन्दी में होते थे। वे संसार के श्रेष्ठ चित्रकारों में, २०-२१वीं सदियों में, शायद अकेले हैं जिन्होंने अपने सौ से अधिक चित्रों में देवनागरी में संस्कृत, हिन्दी और उर्दू कविता में पंक्तियाँ अंकित कीं। बरसों तक मैं जब उनके साथ कुछ समय पेरिस में बिताने जाता था तो उनके इसरार पर अपने साथ नवप्रकाशित हिन्दी कविता की पुस्तकें ले जाता था : उनके पुस्तक-संग्रह में, जो अब दिल्ली स्थित रज़ा अभिलेखागार का एक हिस्सा है, हिन्दी कविता का एक बड़ा संग्रह शामिल था।

रज़ा की एक चिन्ता यह भी थी कि हिन्दी में कई विषयों में अच्छी पुस्तकों की कमी है। विशेषत: कलाओं और विचार आदि को लेकर। वे चाहते थे कि हमें कुछ पहल करना चाहिये। २०१६ में साढ़े चौरानवे वर्ष की आयु में उनकी मृत्यु के बाद रज़ा फ़ाउण्डेशन ने उनकी इच्छा का सम्मान करते हुए हिन्दी में कुछ नये क़िस्म की पुस्तकें प्रकाशित करने की पहल *रज़ा पुस्तक माला* के रूप में की है, जिनमें कुछ अप्राप्य पूर्व प्रकाशित पुस्तकों का पुनर्प्रकाशन भी शामिल है। उनमें गांधी, संस्कृति-

चिन्तन, संवाद, भारतीय भाषाओं से विशेषतः कला-चिन्तन के हिन्दी अनुवाद, कविता आदि की पुस्तकें शामिल की जा रही हैं। सभी पुस्तकों पर रज़ा साहब और उनके समकालीन मित्र चित्रकारों आदि की प्रतिकृतियाँ आवरणों पर होंगी।

कमलेश अपनी पीढ़ी के सम्भवतः सबसे पढ़े-लिखे कवि-चिन्तक थे। जितना ज्ञान उन्होंने संसार भर से अपने पास इकट्ठा किया था उसकी तुलना में उन्होंने लिखा कम। उनके पास ज्ञान-पगी दृष्टि थी जो उनकी मूलतः कविदृष्टि को समृद्ध और विलक्षण बनाती थी। उनसे एक लम्बा संवाद और उनका एक निबन्ध इस पुस्तक में शामिल किया गया है जो इस माला के पहले सैट में इस विश्वास के साथ प्रकाशित की जा रही है कि उनके चिन्तन और गद्य की यह पुस्तक पाठकों को विचारोत्तेजक लगेगी। कमलेश में परम्परा की गहरी समझ और पैठ तथा आधुनिकता से प्रोत्साहित प्रश्नाकुलता में कोई दूरी नहीं है जो उन्हें एक अपवाद बनाती है।

अशोक वाजपेयी
जुलाई २०१७, नयी दिल्ली

कवि-विचारक कमलेश

उतरे अवघट सरवर न्हावै
—गुरुग्रन्थ साहेब

साठ के दशक में हिन्दी के जिन कवियों ने लिखना शुरू किया था और जो आगे जाकर हिन्दी कविता के मूर्धन्य कवि हुए, उनमें कमलेश का नाम बहुत सम्मान से लिया जाता है। वे अत्यन्त अध्ययन और मननशील कवि थे जैसा कि कालिदास समेत दुनिया के सारे बड़े कवि हुए हैं। उनसे अधिक पढ़े किसी भी अन्य भारतीय बौद्धिक को मैं नहीं जानता। उनका घर बल्कि उनके घर क्योंकि वे दिल्ली में कई घरों में रहे थे, लगभग पुस्तकालय ही हुआ करते थे। उनके इस पुस्तकालय में कुछ ऐसी पुस्तकें मिल जा सकती थी, जिन्हें अप्राप्य मान लिया गया होता था। उनका व्यापक अध्ययन और गोरखपुर के एक छोटे से गाँव से दिल्ली आना शायद उनकी समझ के दायरे के विशाल होने का कारण रहे हों। मैं ऐसे अनेक बौद्धिकों को जानता हूँ जिनके लिए कमलेश 'सन्दर्भ पुस्तकालय' हुआ करते थे। उनका पहला कविता संग्रह 'जरत्कारु' १९७० में पहचान सीरीज़ (सम्पादक-अशोक वाजपेयी) में प्रकाशित हुआ था। उसके प्रकाशित होते ही हिन्दी साहित्य में कमलेश की प्रतिष्ठा एक अत्यन्त स्मृति सम्पन्न, परम्परा-उत्तीर्ण, कल्पनाशील और शब्द-विवेक-सम्पन्न कवि के रूप में हो गयी थी। उनकी कविता में गहरी वैश्विकता और उतनी ही गहन स्थानीयता एक साथ विद्यमान हैं। 'जरत्कारु' संग्रह को कमलेश ने कुछ वर्षों बाद एक बार फिर कुछ और कविताएँ जोड़कर

सातवाहन प्रकाशन से प्रकाशित किया। इस संग्रह के लगभग तीन दशक बाद उनका अगला संग्रह 'खुले में आवास' राजकमल प्रकाशन से छपा। इस बीच के तीस से अधिक वर्षों में कमलेश निरन्तर कविताएँ लिखते रहे थे। उनका अन्तिम कविता संग्रह 'बसाव' जून २०१५ में उनकी मृत्यु के लगभग दो वर्ष पहले प्रकाशित हुआ। कमलेश का हर कविता संग्रह हिन्दी कविता के एक नये उत्कर्ष को प्रकट करता रहा। उनकी कविता को पढ़कर जैसा कि अद्वितीय लेखक वागीश शुक्ल ने कहा है, कविता की अपनी सम्भावना का अहसास होता है। कमलेश ने अनेक महत्वपूर्ण निबन्ध, कविता और कवियों पर लिखे। उन्होंने एक पूरी पुस्तक सोवियत रूस के उन कवियों और लेखकों पर लिखी जो साम्यवादी आतंक के तले भी अपनी अनूठी सृजनशीलता को जीवित रखे आये। इस अब तक अप्रकाशित पुस्तक के सभी अंश 'समास' के तीन अंकों में प्रकाशित हुए हैं और उनमें कमलेश ने सिर्फ़ इन कवियों और लेखकों की रचनाओं का ही विस्तृत विवेचन नहीं किया, उन्होंने उन सांस्कृतिक और ऐतिहासिक परिस्थितियों का भी बहुत गहरायी से विश्लेषण किया है जिसने अन्ना आख़्मातोवा, बुनिन, पास्तरनॉक, मेण्डलश्टाम जैसे महान कवियों-लेखकों को अपने ही देश में प्रवासी बना दिया था।

मेरी कमलेश जी से पहली भेंट मेरे लड़कपन में हुई थी। वे एक लेखक शिविर में सीधी आये हुए थे। उन दिनों मैं केवल इतना जानता था कि वे एक बड़े कवि हैं, पर तब तक मैंने उन्हें बहुत पढ़ा नहीं था। वर्षों बाद दिल्ली में उनके घर जाने का संयोग हुआ। उन्होंने हमें जिस कमरे में बिठाया था, उसकी सभी दीवारों पर छत तक पहुँचे किताबों के रेक्स लगे थे। बड़े से बिस्तर पर किताबों के ढेर थे। फ़र्श पर काग़ज़ के डिब्बों में किताबें भरी हुई थी। यह उन दिनों की बात है जब हम यूरोप और अमेरिका में साहित्य और दर्शन से जुड़े नये विमर्श के सम्पर्क में आये थे। हमने जब डिब्बों में भरी किताबों में से कुछ को निकालकर उलट-पुलट कर देखा, सभी के पन्नों पर हाईलाइटर से रंगी पंक्तियाँ थीं। यानि सभी किताबों को बहुत ध्यान से पढ़ा जा चुका था। उन किताबों में उन लेखकों और दार्शनिकों की कृतियाँ भी थीं जिनका नाम लेने भर से आपको छोटा-मोटा विद्वान मान लिया जाता था।

कमलेश जी ने भारतीय सभ्यता का अनेक कोणों से गहन अध्ययन किया

था। वे उन बिरले हिन्दी लेखकों में थे जिन्होंने इस सभ्यता की तमाम सूक्ष्मताओं और उन पर हुए औपनिवेशिक दंश और उनकी पश्चिमी दुर्व्याख्याओं को पूरी बारीकी से जानने की कोशिश की थी। सम्भवत: इसीलिए वे उन तमाम अधपढ़े-लिखे हिन्दी के तथाकथित आलोचकों के आँख की किरकिरी थे जिनकी कमलेश जी की उपस्थिति के आईने में छिछली छवि दिखायी देती थी और जो अख़बारों आदि अपेक्षाकृत सतही जानकारी के माध्यमों में लिख-लिखकर ख़ुद को बौद्धिक के रूप में कल्पित करने के आदी हो चुके हैं। शायद इसीलिए कमलेश जी की कविताओं और उनके वैचारिक गद्य की अवहेलना में ही हिन्दी की तमाम पत्रिकाओं ने अपनी खैर जानी थी। कमलेश जी कम-से-कम बाद के वर्षों में राजनैतिक गतिविधियों से इसीलिए दूर होते चले गये थे क्योंकि उनकी दृष्टि में देश के लगभग सभी राजनैतिक दल भारतीय सभ्यता के मूल तत्वों की अवहेलना और पश्चिमी सभ्यता का अज्ञानपूर्ण अनुसरण करने में जुटे हैं। वे राजनीति पर विचार अवश्य करते थे पर किसी राजनैतिक दृष्टि की दासता से दूर बने रहे। यह सच है कि वे अपने आरम्भिक वर्षों में स्वातन्त्र्योत्तर भारत के सम्भवत: श्रेष्ठ राजनैतिक चिन्तक राममनोहर लोहिया के निजी सचिव रहे थे। और उन दिनों की यानि साठ के दशक की समाजवादी पार्टी के निकट रहे थे। पर जैसे-जैसे उनका भारतीय और अन्य सभ्यताओं का अध्ययन गहराता गया, वे समाजवादी पार्टी से भी दूर होते चले गये।

मैं बिना किसी संकोच के कमलेश जी को श्रीकान्त वर्मा के साथ पिछले चार दशकों का हिन्दी बल्कि भारतीय भाषाओं का उत्कृष्ट कवि मानता हूँ। उनकी कविता न सिर्फ़ एक अत्यन्त संवेदनशील कवि की रचनाएँ हैं बल्कि एक ऐसे जिज्ञासु लेखक की भी कृतियाँ हैं जिसने अपना लगभग सारा जीवन साहित्य और भारतीय और अन्य सभ्यताओं को अपनी तरह से समझने में लगाया। हिन्दी में मैं ऐसा कोई भी दूसरा कवि नहीं देखता। अगर सौभाग्य से हमारी भाषा को अज्ञानपूर्ण प्रगतिशीलता का अभिशाप न मिला होता तो इसमें कोई शक नहीं कि कमलेश जी की कविता अव्वल तो घर-घर जानी जाती और उसने उनके बाद की कविता को कुछ ऐसी प्रेरणाओं से समृद्ध किया होता जिससे उनमें नयी ऊर्जा और गहन सभ्यता बोध आ पाता।

कमलेश जी की कविता इसीलिए बड़ी कविता है क्योंकि इसमें कविता के अनेक पारम्परिक मूल्य प्रतिष्ठित हैं, इसमें विचार कविता का आधार नहीं बल्कि उसकी उपलब्धि है और इसे किसी भी दृष्टि के द्वारा अनुकूलित किये जाने के लिए प्रोग्राम नहीं किया गया है। यह कविता इसके कवि की तरह ही भाषा के अरण्य में मनुष्य के होने और सभ्यताओं के उत्कर्ष और पतन के सत्यों की खोज में निरन्तर भटकती है। इसके लिए वह अपनी शैली और अपने कवि को दाँव पर लगाती है।

कमलेश जी की मृत्यु २०१५ में जुलाई के महीने में दिल्ली में हुई थी। उस समय मैं दिल्ली में ही था पर अपने इलाज के कारण उनके अन्तिम संस्कार में शामिल नहीं हो पाया था, इसका दुःख मुझे आज भी है। कमलेश जी जैसे हिम्मती और पूरी तरह अस्वीकारे जाने पर भी अपनी तरह से सोचने की ज़िद रखने वाले कवि और विचारक साठ के दशक के बाद बहुत कम हुए हैं। यह मैं अपना सौभाग्य मानता हूँ कि मुझे उनके साथ कई वर्षों तक गम्भीर विचार-विमर्श करने का सुयोग मिला। इसी दौरान मैंने उनसे एक लम्बी बातचीत करने का जो निश्चय किया था, उसी के फलस्वरूप इस पुस्तक में प्रकाशित बातचीत सामने आ सकी। वे लोग जो कमलेश जी को निकट से जानते हैं, उन्हें पता होगा कि कमलेश जी बहुत रुक-रुककर बोलते थे मानो बोलने के दौरान ही अपने भीतर के समुद्र में गोते लगाकर विचार का मोती आपके सामने लाने का प्रयास कर रहे हों।

यह बातचीत *समास* के पाँचवें अंक में प्रकाशित हुई थी।

उदयन वाजपेयी

२७ दिसम्बर, २०१६

क्रम

हम अपनी बातचीत की शुरुआत यह जानने से करना चाहते हैं कि आप का बचपन किस तरह बीता? आप अपने माता-पिता के विषय में कुछ बताएँ। आपसे हम यह भी जानना चाहते हैं कि आपके बचपन में ऐसा क्या-क्या घटा जिसका सम्बन्ध आपके कवि व्यक्तित्व से बना और ऐसा क्या-क्या घटा जो आप को याद है और जिसका सम्बन्ध आज हम आप के कवि व्यक्तित्व या राजनैतिक विचारों से जोड़ भी सकें या न भी जोड़ सकें।

मेरा जन्म उत्तर प्रदेश के अत्यन्त 'पिछड़े' इलाक़े में हुआ था। हम लोगों का पुश्तैनी गाँव राप्ती नदी के कछार में बसा हुआ है। उस गाँव का नाम कनइल है। उन दिनों हर साल राप्ती में बाढ़ आती थी और गाँव की अधिकांश ज़मीन पानी में डूब जाती थी। गाँव से शेष दुनिया का सम्बन्ध विच्छिन्न हो जाता था। नावें चलने लगती थीं और नाव पर चढ़ कर ही गाँव से बाहर जाया जा सकता था। यह पानी चार-छह सप्ताह तक बना रहता था। जाते हुए नदी बड़ी सिकता राशि छोड़ जाती थी। किन्हीं-किन्हीं वर्षों में नदी धार भी बदलती थी और गाँव की काफ़ी ज़मीन कट कर उस पार पड़ोस के गाँव में मिल जाती थी। दोनों गाँवों के बीच यह विवाद का विषय होता था कि इस नयी ज़मीन का मालिक कौन है? आज कल नदी पर बाँध बन गया है। कभी-कभी वर्षा ज़्यादा होने पर नदी में पानी का बहाव तेज़ होता है और बाँध टूटने का ख़तरा हो जाता है।

मेरे जन्म के समय मेरी माँ अपने मायके गयी थीं। बेटी की पहली सन्तति का जन्म ननिहाल में होना चाहिए ऐसी प्रथा थी। ननिहाल का गाँव देवरिया के पास था। देवरिया के ज़िला बनने के बाद देवरिया का कस्बा शहर बना और वह गाँव शहर का भाग बन गया, अब उस गाँव का कोई चिह्न बाक़ी नहीं है।

कनइल प्राचीन गाँव है। बचपन में परिवार के वृद्धों से मैं वंशावलियाँ सुना करता था। उनके अनुसार गाँव तबसे पचास–साठ पीढ़ी पहले बसा था। कहा जाता था कि कोई कान्ह बाबा दूर स्थित मामखोर गाँव से यहाँ आये और यहाँ बसे। फिर गाँव बसना शुरू हो गया। उनके एक मँझले भाई ने पास में मझिगाँवाँ बसाया। दोनों गाँव मामखोर से आये सुकुलों के गाँव थे। मेरे बचपन में कनइल में सुकुलों के लगभग ४०० परिवार रहते थे। ऐसा कोई ही परिवार रहा होगा जो आधे एकड़ से अधिक ज़मीन का स्वामी हो। अधिकांश लोग भूमि पर ही आश्रित थे, परन्तु भूमि बहुत कम थी। कोई–कोई ही रहे होंगे जिनके पास दो या अधिक कुर्ते रहे होंगे। अधिकांश लोग एक धोती पहने कन्धे पर गमछा रख कर चलते थे। कुर्ता विशेष अवसरों पर पहना जाता था। वृद्ध लोग मिरजई पहनते थे। सुकुल घरों के अलावा गाँव में एक चमरौटी थी जिसमें कोई २४–२५ घर चमार थे। गाँव में पाँच–छह घर अहीर, दो घर कुम्हार, दो–तीन घर नाई, दो घर पाण्डे पुरोहित रहे होंगे। लेकिन सबमें काफ़ी मेल–जोल था। ऊँच–नीच का भाव रहा होगा, लेकिन वह व्यवहार में दृष्टिगोचर नहीं होता था। एक रामजी चमार रोज़ मिलते थे, उन्हें हम लोग चाचा ही कहते थे। कहा जा सकता है कि इन अन्य जातियों की संस्कृति भी ब्राह्मण संस्कृति ही थी। ब्राह्मणों की तरह ही वे लोग भी समृद्ध नहीं थे। लेकिन ग़रीब होने का एहसास नहीं था, ग़रीबी अपमान सूचक तो नहीं ही थी। लोगों का आत्मसम्मान अपने कुलशील के भाव और आचार–विचार पर ही टिका होता था। किसी से बेटी ब्याहने के लिए वर के परिवार की ज़मीन और कमाई की अपेक्षा उसके कुल का आचार ही देखा जाता था। कनइल के सुकुल लोग अपने आचार के लिए प्रसिद्ध थे। इस तरह मैं एक ब्राह्मण संस्कृति के अंक में पल–पुस कर बड़ा हुआ। लेकिन मेरे बचपन में कोई भी अपने को ग़रीब नहीं कहता था। जो था उतने में ही निर्वाह करता था और मानता था कि वह शान से जीवन जी रहा है। बड़े धनियों और

ज़मीदारों का कभी उल्लेख होता भी था तो इसी तरह जैसे वे भी बराबरी के ही हैं।

राप्ती में लगभग प्रति वर्ष बाढ़ के कारण ख़रीफ़ की फसल डूब जाती थी, लेकिन रबी की फसल बहुत अच्छी होती। लोग एक फसल से ही अपना निर्वाह कर लेते थे और जो कुछ मिल जाता उतने में ही सन्तुष्ट रहते थे। पूरे संयुक्त परिवार का एक ही चूल्हा जलता था। संयुक्त परिवार में मेरे पिता के पाँच भाई और मेरे पितामह के भाई के दो पुत्र, इन सब की पत्नियाँ और इन सब की सन्तानें एक ही चौके में बनी रसोई जीमते थे। तीज त्योहार पर विशेष व्यंजन बनते थे। शादी ब्याह के अवसर पर तो पकवानों का अतिरेक हो जाता था। उत्सव के लिए बनी मिठाइयाँ महीनों तक गाँव में बँटती रहतीं और खाई जाती थीं। हमारे एक चाचा पहलवानी करते थे। सुबह-शाम अखाड़े में कुश्ती होती। कुश्ती से मन भरता तो हारमोनियम लेकर गाना शुरू करते और दस-पाँच लोग और आ जाते। मजलिस देर रात तक चलती। गाँव में बहुतों को पक्के गाने की आरम्भिक समझ थी। कजरी, बिरहा, भजन, रामायण गाने का कार्यक्रम बनता, अनेक लोग आ जाते और गाने में साथ देते थे। तबला, ढोलक, मजीरा बजाना बहुतों को आता था। हालाँकि उत्सवों के समय गाने और संगत के लिए अन्य गाँव से प्रसिद्ध लोग निमन्त्रित किये जाते थे।

गाँव का कोई न कोई नौकरी की तलाश में परदेस के लिए निकलता ही रहता था। बीसवीं शताब्दी के मध्य तक कलकत्ता, कानपुर, अहमदाबाद और बम्बई जैसे औद्योगिक नगरों में लोग रोज़गार की तलाश में जाते और वहीं बस जाते। कुछ लोग रंगून और बैंकाक तक पहुँचे। आज भी इन जगहों पर हमारे गाँव के लोगों की बस्तियाँ हैं। उनमें से बहुत से लोग गाय पालने और दूध बेचने का कार्य करते हैं। जब नेता जी सुभाष चन्द्र बोस आज़ाद हिन्द फ़ौज के गठन के लिए बैंकाक आये तो दक्षिण पूर्व एशिया में रहनेवाले कनइल के भी कुछ लोग आज़ाद हिन्द फ़ौज में शामिल हो कर इम्फाल के मोर्चे पर लड़े।

हमारे गाँव के आस-पास कुछ अत्यन्त प्राचीन गाँव थे, जिनका उल्लेख बौद्धकालीन साहित्य में हुआ है। हमारी सीमा से लगा हुआ एक गाँव सोहगौरा है जहाँ पर कभी कुछ उत्खनन कार्य भी हुआ था और प्राचीन

लिपि में अंकित एक ताम्र पत्र का मिलना प्रसिद्ध है। मेरे गाँव की सीमा मलाँव से भी सटी हुई है। इसको बौद्धकाल में मल्लग्राम कहा जाता था। मलाँव में एक ज़मींदार परिवार था। उस परिवार से ही महापण्डित राहुल सांकृत्यायन ने अपने पूर्वजों के आजमगढ़ ज़िले के एक गाँव में जा कर बसने की बात अपनी 'जीवन यात्रा' में लिखी है।

गाँव में विद्या की परम्परा कुछ न कुछ रही होगी। अक्षर ज्ञान तो संस्कार के रूप में करा दिया जाता था। जिन्हें निरक्षर कहा जा सकता था उनके लिए भी रामचरित मानस की चौपाइयाँ, सूरदास के पद, कुछ भजन, कुछ लोक गीत हस्तामलक होते थे। लोगों की बातचीत में प्राय: पौराणिक पात्र बोलते रहते थे। गाँव में कुछ संस्कृत के विद्वान भी हुआ करते थे। हमारे पिता जी के बड़े भाई संस्कृत के बड़े पण्डित माने जाते थे लेकिन विद्या अर्जन के साथ-साथ ही वे आध्यात्मिक पथ पर भी चलते गये और फिर उनका वही मूल व्रत हो गया। उन्होंने 'परमहंस' के रूप में प्रसिद्धि प्राप्त की। वे अधिकतर घूमते ही रहते थे, कभी-कभी ही गाँव पर रहते थे। यह मेरे संज्ञान होने के पहले की बातें हैं।

मेरे पिता जी मेरे जन्म के अनेक वर्ष पहले ही जब वे गोरखपुर शहर के मिशन स्कूल में पढ़ने के लिए गये तो उन्होंने एक-दो वर्षों के बाद ही पढ़ाई छोड़ करके नौकरी कर ली। गोरखपुर हमारे पैतृक गाँव से लगभग २० मील दूर था। गाँव जाने के लिए हम लोग राप्ती नदी पर बने नावों के फल को पार करके बस, इक्का या ताँगा पकड़ते थे और घण्टे भर में सड़क पर कौड़ीराम के पास उतर जाते थे। गोरखपुर शहर में सात-आठ ज़मींदार परिवार थे। १८५७ में स्थानीय भूपतियों की अँग्रेज़ों से हार के बाद उनको यातना तो मिली ही, उनकी ज़मीन जब्त हो कर 'स्वामिभक्त' व्यापारियों को नीलाम कर दी गयी। ये व्यापारी ज़मींदार बन गये। अधिकतर ज़मींदार मूलत: गाजीफर के रहनेवाले अग्रवाल वैश्य थे और इनकी कोठियाँ, भूमि और मालगुजारी प्रबन्ध के अलावा, सौदागरी के लिए प्रसिद्ध थीं। जब भी कोई छोटा-मोटा ज़मींदार मालगुजारी नहीं दे पाता था तो उसकी ज़मींदारी भी अँग्रेज़ अधिकारियों द्वारा नीलाम कर दी जाती थी। ऐसी छोटी-छोटी ज़मींदारियाँ ख़रीदते-ख़रीदते ये परिवार बहुत बड़े ज़मींदार बन गये थे। इन लोगों ने शहर में अनेक मन्दिर, स्कूल, बालिका विद्यालय, डिस्पेंसरियाँ, आदि भी बनवाये थे।

पिता जी इन्हीं में से एक ज़मींदार के यहाँ नौकरी करने लगे। आरम्भ में वे कारिन्दा रहे, यह प्रथम महायुद्ध के समय की बात रही होगी। द्वितीय महायुद्ध के समय तक वे प्रबन्धक और फिर ज़मींदारी के मुख्य प्रबन्धक बन गये थे। तीन–चार वर्ष की आयु में हम लोग पिता जी के पास गोरखपुर शहर में रहने के लिए आ गये। वहीं पर एक ट्यूटर ने मुझे अक्षरज्ञान कराया। शहर में रहते हुए भी हम लोग गाँव प्राय: जाया करते थे। इतने बड़े परिवार में हमेशा कभी किसी का जन्म, किसी का यज्ञोपवीत, किसी का विवाह, किसी का मुण्डन और किसी की मृत्यु होती रहती थी। परिवार में कोई गम्भीर बीमार पड़ जाय तब भी हम लोग उन्हें देखने गाँव जाते थे।

सात–आठ वर्ष की आयु में मैं हिन्दी किताबें पढ़ने लगा था। जब भी गाँव जाता तो वहाँ पिता जी के कमरे की आलमारी में बहुत–सी किताबें और पुरानी पत्र–पत्रिकाएँ होती थीं। ग़रीबों के उस गाँव में भी विश्वमित्र, सरस्वती, सुधा, माधुरी जैसी पत्रिकाएँ आती रही थीं, जिनके पुराने अंक वहाँ पड़े हुए थे। पिता जी की आलमारी में भारतेन्दु हरिश्चन्द्र के नाटक, लाला देवकीनन्दन खत्री और दुर्गाप्रसाद खत्री के प्रकाशनों से निकले हुए बहुत से ऐयारी के उपन्यास, इंडियन प्रेस से उन दिनों मासिक के रूप में निकल रहे हिन्दी महाभारत के अंक, रवीन्द्रनाथ ठाकुर, शरतचन्द्र चटर्जी, बंकिम चन्द्र के उपन्यासों और, द्विजेन्द्रलाल राय के नाटकों के अनुवाद, गंगा पुस्तक माला की पुस्तकें, स्थानीय कवियों के काव्य ग्रन्थ, कुछ संस्कृत ग्रन्थों के अनुवाद, आयुर्वेद के विषय में पुस्तकें और औषधि निर्माताओं के सूचीपत्र, गीताप्रेस से निकलनेवाले 'कल्याण' के विशेषांक आदि विविध विषयों के ग्रन्थ रखे हुए थे। मैं इनमें कोई भेद–भाव किये बिना और प्राय: बिना पूरा समझे इन सारी पुस्तकों–पत्रिकाओं के पन्ने पलटता रहता था। गाँव पहुँचते ही इस कमरे में पड़ी हुई चारपाई पर जा कर बैठ जाना मेरा पहला कार्य होता था।

कनइल में हम लोग संयुक्त परिवार में रहते थे। हमारे बाबा दो भाई थे। दोनों की सन्तति वहाँ रहती थीं। कई चाचा लोग थे। कुछ लोग दूर चम्पारन ज़िले में चले गये थे। वे लोग भी गाँव आते थे और उनसे चम्पारन के बारे में जानकारी होती थी। एक शिव मन्दिर था। एक बँसवारी थी जहाँ स्त्रियाँ नित्यकर्म के लिए जाती थीं। नदी कभी–कभी बहुत सारी

रेत छोड़ जाती थी, बहुत सारे खेतों को निगल जाती थी। सिकता राशि का भी स्मरण आता है। वहाँ बबूल के पेड़ बहुत सारे थे। गाँव के सीवान पर समयमाता का स्थान था। यह स्थान खुले आसमान के नीचे उठी हुई ज़मीन पर रखी हुई मिट्टी की एक मूर्ति थी। वहाँ पर बहुत से मिट्टी के हाथी मनौती के रूप में रखे होते थे। नवरात्रि के दिनों में घर की महिलाएँ उस स्थान पर जा कर पूजा पूरा करतीं और गीत गातीं। समयमाता के यहाँ सरसों के तेल में ही प्रसाद बनता था। कड़वे तेल की पूड़ी और लपसी का प्रसाद बना कर पूजा के बाद समयमाता को चढ़ाया जाता, आरती होती और हम लोगों को भी पूड़ी लपसी का प्रसाद मिलता था। समयमाता का स्थान एक लाचिरागी गाँव में था, उस गाँव में कोई बसा हुआ नहीं था। वहाँ से काफ़ी दूर बस स्टेंड था जहाँ से हम शहर जाने के लिए बस पकड़ा करते थे।

फिर आप शहर में पिता जी के पास रहने चले गये?

हाँ, हम लोग पिता जी के साथ ही रहने लगे। पर प्राय: गाँव जाया करते थे, गाँव में मन भी लगता था। बड़े परिवार में बहुत से समवयस्क भाई-बहनों के साथ खेलने को मिलता था। शहर में पिता जी जिस ज़मींदारी की व्यवस्था देखा करते थे उन लोगों के बहुत से मकान शहर में भी पड़े हुए थे। इनमें से एक मकान में हम लोग रहते थे। मकान का अहाता बहुत बड़ा था। मैं अहाते के भीतर ही खेलता रहता। वहीं पर मेरे छोटे भाई का जन्म हुआ था। मेरे एक चचेरे भाई भी हम लोगों के साथ ही रहते थे। वे आयु में मुझसे बहुत बड़े थे और लखनऊ विश्वविद्यालय से एम.ए. में स्वर्णपदक प्राप्त कर क़ानून की शिक्षा ग्रहण की थी। उनको भी मैं किताबों में रमा हुआ देखता था। वे आध्यात्मिक कविताएँ भी लिखते थे। गंगा जी की स्तुति में लिखी 'गंगांजलि' छपी भी थी। बाद में वे वकालत छोड़ कर नौकरी करने के लिए कलकत्ता चले गये।

पिता जी जिन दिनों ज़मींदारी के प्रबन्ध कार्य में लगे हुए थे, उन्हीं दिनों उनको दूरस्थ गाँवों में खेती की ज़मीन ख़रीदने के अनेक अवसर मिले। कनइल में ज़मीन की कमी थी इसलिए कनइल के लोग बाहर कहीं जा कर ज़मीन ख़रीदा करते थे और वहाँ पाही बनाया करते थे। कनइल के

कई लोग शहर में हमारे यहाँ आते तो बतलाते कि पाही से आ रहे हैं। द्वितीय महायुद्धकाल के पहले तक खेती की ज़मीन की क़ीमतें बहुत कम हुआ करती थीं। खेती की बहुत-सी ज़मीन जंगलों की कटाई से निकली थी। साखू के बड़े जंगल रेल लाइनें बिछाने के लिए काटे गये थे। यह ज़मीनें वहाँ आस-पास के लोगों को खेती के लिए मिली थीं। धीरे-धीरे यह ज़मीन जमींदारियों के अन्तर्गत आ गयी। कनइल में ज़मीन की कमी से होनेवाली कठिनाइयों को देखते हुए पिता जी ने गोरखपुर शहर से उत्तर दिशा में क़रीब ४० किलोमीटर दूर दो-तीन गाँवों में ज़मीन ख़रीदना शुरू किया। १९४४-४५ तक साठ-सत्तर एकड़ ज़मीन हो गयी। खेती के प्रबन्ध के लिए आदमी और प्रबन्धक भी रख लिये थे। कुछ ही वर्षों में वहाँ एक मकान भी बन गया; ढोर के लिए घारियाँ बन गयीं। आम के कुछ बाग वहाँ पहले से थे। कुछ और पेड़ों की वृद्धि हो गयी।

चार वर्ष की आयु में एक ट्यूटर ने मुझे अक्षरज्ञान कराया, वे ही एक वर्ष तक हिन्दी, अँग्रेज़ी और अंकगणित पढ़ाते रहे। फिर एक हाईस्कूल में तीसरी कक्षा में मुझे भर्ती कराया गया। जब मैं चौथी कक्षा में पढ़ रहा था तभी पिता जी पचास वर्ष की अवस्था में गम्भीर रूप से बीमार पड़े। यह बीमारी कुछ लम्बी खिंच गयी। उनके मन में आया कि शहर में रहते हुए वे ठीक नहीं होंगे। उन्होंने नौकरी छोड़ कर गाँव में रहने का निर्णय किया। कनइल के संयुक्त परिवार में इतना स्थान नहीं था कि हम लोग वहाँ जाते। पिता जी ने जहाँ नयी ज़मीन ख़रीदी थी, वह गाँव नेपाल की सीमा के पास था, वहाँ मकान वग़ैरह बन ही गये थे। पहले माता जी छोटे भाई को ले कर वहाँ पर घर बसाने का प्रबन्ध करने चली गयी थीं। पिता जी भी अब नौकरी की ज़िम्मेदारियाँ दूसरों को सौंपने लगे थे। गाँव भी जाया करते थे। मेरी चौथी कक्षा की पढ़ाई पूरी नहीं हुई थी। मुझे परीक्षा होने तक शहर में रहनेवाले अपने एक मौसा के यहाँ रख दिया गया। परीक्षा देने के बाद मैं भी गाँव चला गया। अपना कहने के लिए कनइल के बाद यह दूसरा गाँव बिसुनपुर फुलवरिया था। यहाँ जाने के लिए हम गोरखपुर स्टेशन से रेल पकड़ते थे। गोरखपुर से नौतनवां एक लूप लाइन जाती थी। यह लाइन भारतीय सेना के नेपाली सैनिकों की सुविधा के लिए बनी थी। साथ ही इस लाइन पर कुछ बड़े अँग्रेज़ ज़मींदारों की कोठियाँ थीं, जिनके नाम पर स्टेशन बने हुए थे। ये लोग स्वतन्त्रता के

बाद ज़मींदारियाँ और कोठियाँ बेच कर इंग्लैण्ड चले गये। फुलवरिया जाने के लिए हम लोग लक्ष्मीपुर स्टेशन पर उतरते और वहाँ से पाँच-छह किलोमीटर पैदल चल कर फुलवरिया में अपने घर पहुँचते।

लक्ष्मीपुर में एक मिडिल स्कूल था। गोरखपुर में अपनी पढ़ाई पूरी करने के कुछ महीने बाद मेरा नाम वहाँ लिखा दिया गया और मैंने पाँचवीं कक्षा की पढ़ाई शुरू की। शहर में मैं तीसरी कक्षा से ही अँग्रेज़ी पढ़ रहा था। लेकिन मिडिल स्कूल में तब अँग्रेज़ी नहीं पढ़ाई जाती थी। यहाँ का वातावरण बिलकुल अलग था। मेरे दाख़िले के ठीक पहले तक पढ़ाने का माध्यम केवल उर्दू था। तब तक लखनऊ में कांग्रेस की सरकार बन गयी थी। कहा जाता है कि शिक्षामन्त्री श्री सम्पूर्णानन्द ने हिन्दी माध्यम लागू करवाने का आदेश दिया। जिस वर्ष मैंने मिडिल स्कूल में प्रवेश लिया उसी वर्ष पहली बार हमें हिन्दी में भी पढ़ने का विकल्प दिया गया। हम हिन्दी के माध्यम से पढ़नेवाले अपने स्कूल की पहली पीढ़ी के विद्यार्थी थे। स्कूल में तीन ही कमरे थे जिनमें पाँचवीं, छठी और सातवीं की कक्षाएँ लगती थीं। अभी तक शिक्षा का माध्यम उर्दू ही रही थी, इसलिए अभी भी उर्दू माध्यम से पढ़नेवालों की संख्या अधिक थी। स्थान की कमी का हल यह निकाला गया था कि हर कमरे में एक कक्षा लगे और कमरे के आधे हिस्से में उर्दू माध्यम वालों की पढ़ाई हो और आधे हिस्से में हिन्दी माध्यम वालों की। दोनों तरफ़ दरियाँ बिछी हुई थीं और बीच में ख़ाली स्थान था। प्रधानाध्यापक सहित अध्यापक भी केवल तीन ही थे और वे लोग ही एक साथ दोनों माध्यमों में शिक्षा दिया करते थे। इसलिए जो कुछ उर्दू वालों को पढ़ाया जाता था वह हिन्दी माध्यम वालों को भी सुनने को मिलता था। उर्दू वालों का एक विशेष विषय ईरान और अरब देशों की पुराण कथाएँ थीं। हम हिन्दी माध्यम वालों को भी यह सब सुनते हुए इस्लाम की पुराण कथाओं का संक्षिप्त ज्ञान मिल गया। आज कल जब हिन्दी उर्दू की बात चला करती है तब ऐसा कहा जाता है मानो उर्दू अल्पसंख्यकों की भाषा है और हिन्दी बहुसंख्यकों की। अल्पसंख्यकों की भाषा को बहुसंख्यकों ने दबा कर रखा हुआ है। लेकिन हमारे बचपन तक स्थिति यह थी कि उर्दू की ही प्रधानता थी। उर्दू में ही सारी पढ़ायी हुआ करती थी। हमारे पिता जी वग़ैरह ने तो सब कुछ उर्दू माध्यम से ही पढ़ा था, वे उर्दू फ़ारसी ही जानते थे, हिन्दी तो जितनी घर

में सीख ली थी उतनी ही थी। उत्तर प्रदेश की तुलना में बिहार में शिक्षा तथा कोर्ट और कचहरी में हिन्दी माध्यम का उपयोग कुछ पहले शुरू हो गया था। पर शेष उत्तर भारत में, विशेषकर उत्तर प्रदेश में उर्दू ने ही बहुसंख्यकों की भाषाओं को दबा रखा था। अब जब लोग यह कहते हैं कि बहुसंख्यक भाषा ने उर्दू को दबा रखा है, उन्हें सम्भवतः इस पूरे इतिहास का ज्ञान नहीं है। बहुत दिनों तक बल्कि कई शताब्दियों तक उर्दू और फ़ारसी की ही प्रधानता थी। स्वतन्त्रता के बाद ही हिन्दी के उपयोग की स्वतन्त्रता मिली। हिन्दी के लिए किये गये संघर्ष का इतिहास आज की पीढ़ी को शायद ही पता है। उर्दू की प्रधानता के कारण अनेक लोगों को भावनावश हिन्दी सीखने और हिन्दी का प्रचार करने के काम में लगना पड़ा। उससे तमाम तरह की विसंगतियाँ पैदा हुईं। एक ऐसा विशेष व्यक्ति वर्ग पैदा हुआ जिसे हिन्दी भक्त या हिन्दी सेवी या इस तरह की अन्य उपाधियों से पुकारा जाता था। जैसे कि अपनी मातृभाषा में काम करके वे कुछ ऐसा कार्य कर रहे हैं, जो कुछ अतिरिक्त या अनोखा कार्य है।

> यह स्कूल आप के घर से पाँच-छह किलोमीटर दूर था, आप स्कूल किस तरह जाते थे?

पैदल जाते थे। स्कूल जाने का कोई और तरीक़ा नहीं था, कोई सड़क नहीं थी। गर्मियों के दिनों में सुबह छह बजे ही स्कूल लगा करता था। हम लोग सुबह चार बजे उठा दिये जाते और उठ कर कुछ खाने-पीने का सामान और बस्ता लेकर घर से चल पड़ते थे। सुबह चार बजे ज़बरदस्ती नहला दिये जाने का कष्ट अभी तक याद आता है। दो-तीन गाँवों के बच्चे एक जगह इकट्ठा होते थे और वहाँ से आगे बढ़ते थे। रास्ते में कुछ पीपल के पेड़ थे, जिनके विषय में यह माना जाता था कि उन पर भूत रहते हैं। हम लोग भूतों से भयभीत उन पेड़ों से दूर के रास्ते पर ही जाते।

> ये जो बच्चे आप के साथ जाया करते थे क्या इनमें से कुछ बाद तक आप के मित्र बने रहे?

हाँ, कुछ अभी भी मिल जाया करते हैं, उनमें से कुछ से ही बाद तक

मित्रता बनी रह पायी। उस ज़माने में मिडिल स्कूल को वर्नाकुलर मिडिल स्कूल कहा जाता था। हम लोग वहाँ हिन्दी माध्यम से भूगोल, इतिहास की कथाएँ, हिन्दी में छन्दशास्त्र और व्याकरण और गणित पढ़ते थे।

आपके घर के अन्दर किस तरह का परिवेश था?

घर पर खेती-बाड़ी का माहौल था। जाड़े के दिनों में बाहर अलाव जला कर बैठ जाते थे, आग सेंकते थे। फसल कट कर आती थी तो उसकी दलाई-कुटाई होती थी। बैलों को चारा खिलाने में रस आता था। गायें थीं, भैंसे थीं, बछड़ों को छूने, उन पर हाथ फेरने में रस आता था। घर के पास कुआँ था। उससे पानी खींच कर नहाने में रस आता था। आम के बाग थे, जिनमें दो-तीन सौ देसी, बीजू आम के पेड़ रहे होंगे। बाग में खाट बिछा कर चू रहे आमों को पानी भरी बाल्टी में डाल कर, धो कर, फिर उन्हें निकाल कर चूसने में रस आता था। खेत की मेड़ों पर चलने में, दौड़ने में आनन्द आता था। जब लोग हल चला रहे हों, बुवाई कर रहे हों, खेत में फसल लहलहा रही हो, गीत गाते हुए फसल की कटाई चल रही हो, तब मेड़ों पर घूमने में आनन्द आता था।

आप ख़ुद भी यह सब करते थे?

सात-आठ वर्ष की आयु तक मेरे लिए गाँव का अर्थ कनइल था। कुछ बाद तक भी वही रहा। वहाँ का वातावरण कैसा था यह मैं पहले बतला चुका हूँ। उससे आप कुछ अनुमान लगा सकते हैं। उसके बाद हम बिसुनपुर फुलवरिया में तीन ही वर्ष रहे और वह भी पढ़ाई के लिए। वर्षा ऋतु में हमारे धान के खेत पानी में डूबे होते थे। ठेहुन भर दल-दल में चलते हुए हम लोग स्कूल जाते थे। पूरी वर्षा ऋतु में झींसी पड़ती रहती थी और हम लोग स्कूल जाते हुए भीगते रहते थे। शीत ऋतु में रास्ते में ऐसे बहुत से रबी के खेत होते थे जिनमें सिंचाई हो रही होती थी। उस रास्ते जाने पर भी हमारे पैर कीचड़ में लथपथ हो जाते थे। उस आयु में खेती का कोई काम हम शौकिया ही कर पाते थे। हालाँकि करने की इच्छा ज़रूर होती थी। एक बार मैं हल की मूठ पकड़ रहा था, हलवाहे ने कहा कि यह मत करो, यह ब्राह्मणों के लिए मना है। घर के पास ही लुहार था, उसके पास

बैठ कर उसे हल बनाते देखा करता था। हल के फाल की पिटाई होती थी, कुदाल की धार आग में लाल करके पीट कर बनायी जाती थी। हम लुहार के पास बैठ कर देखते रहते थे कि वह कैसे धौंकनी चला रहा है, कैसे और सब काम कर रहा है? यह सब देखने में आनन्द आता था। वहाँ बढ़ई भी था, घर का और खेती का जो भी लकड़ी का सामान लगता था, हल आदि से लेकर दरवाज़े, बैलगाड़ी आदि बनाने का काम बढ़ई ही करता था। पशुओं के लिए कोई नयी घारी बनती तो उसके लिए चौखट और पल्ले बनाने का काम भी वही करता था। गाँव में एक धोबी था जो कपड़े ले जा कर धोता था। ऐसा कभी-कभी ही होता था क्योंकि कपड़ों की धुलाई केवल फींच कर होती थी और प्राय: नहाते समय कुएँ पर ही फिंचाई पूरी हो जाती थी। कपड़े अलग से धुलने का रिवाज नहीं था। एक नाई परिवार था, वह सप्ताह में आ कर बाल बना जाते थे। एक पण्डित जी आते थे, वे मुहूर्त बताते थे, पंचांग देखते थे। वे बताते थे कब कौन-सी तिथि आनेवाली है, कब कौन-सा त्योहार है, बीज बोने का मुहूर्त कब-कब आनेवाला है। इन सब लोगों से घनिष्ठ सम्बन्ध था। गाँव के अन्य लोगों की तरह ही हमारा परिवार भी इन सब लोगों का यजमान था और सबको यजमानी देनी पड़ती थी। उदाहरण के लिए बढ़ई को खेती की उपज का कुछ हिस्सा दिया जाता था, धोबी को भी इसी तरह खेती की उपज का कुछ हिस्सा दिया जाता था, इसी तरह कहार को, नाई को, सब को जोतने के लिए कुछ भूमि और फसल के अनाज में से कुछ दक्षिणा देनी होती थी। उनके जीवनयापन की बहुत कुछ जिम्मेदारी उन लोगों की थी जो उनके यजमान थे। गाँव का हर परिवार इन लोगों का यजमान होता था।

इसके बाद आप गाँव छोड़ कर शहर आ गये।

मिडिल स्कूल में कक्षा सात तक ही पढ़ सकते थे। इसके बाद की पढ़ाई के लिए गोरखपुर शहर जाना पड़ा।

परिवार अभी गाँव में ही था?

हाँ, माँ, पिता जी और भाई अभी गाँव में ही रहे। हमारे मौसा गोरखपुर में

प्रसिद्ध वैद्य थे, वर्ष भर तक उनके परिवार में रह कर स्कूल जाता रहा। पिताजी ने शहर में कभी एक खपरैल का मकान ख़रीद लिया था। वह टूटा-फूटा पड़ा था। उन्होंने वहाँ हम लोगों के रहने के लिए मकान बना दिया। हमारा छोटा भाई भी वहाँ पढ़ने के लिए आनेवाला था।

आप गाँव में रह कर ही खेती करते रहें, क्या ऐसा कोई विचार नहीं हुआ था?

उस समय तो ऐसा विचार नहीं ही किया गया था। बाद में कोई क्या करेगा इसके बारे में चिन्ता नहीं होती थी। लेकिन पढ़ाई होती रहनी चाहिए यही धर्म की तरह मान्य था। बहुत दिनों बाद १९६८ में पिता जी की मृत्यु के बाद में मेरे मन में आया कि मैं खेती करूँ। पिता जी की मृत्यु के बाद मैं साप्ताहिक, पाक्षिक, पार्वणिक श्राद्धकर्म आदि करने के लिए वर्ष भर गाँव में रहा। श्राद्धकर्म करनेवाला व्यक्ति अस्पृश्य, अछूत हो जाता है। वर्ष भर तक मैं अछूत ही रहा, लोग यहाँ तक की मेरे परिवार के लोग भी मेरा स्पर्श किया भोजन नहीं कर सकते थे। मैं जिस आसन पर बैठता उस पर अन्य कोई नहीं बैठ सकता था। वार्षिक श्राद्ध सम्पन्न होने के बाद मैं पुनः स्पृश्य हुआ। उन दिनों गाँव में रहते हुए खेती करने का भी प्रयत्न किया, लेकिन कुछ ही दिनों बाद मुझे तार मिला कि मेरी नियुक्ति संयुक्त सोशलिस्ट पार्टी के संयुक्त सचिव पद पर कर दी गयी है और मुझे जल्दी से जल्दी दिल्ली आ कर अपना दायित्व सम्भालना चाहिए। मुझे फिर दिल्ली आना पड़ा।

लेकिन मैं यह जानने की कोशिश कर रहा था कि जब सातवीं तक पढ़ने के बाद आप गाँव से शहर पढ़ने जा रहे थे तब क्या घर में यह विचार नहीं हुआ कि ठीक है लड़का सातवीं तक पढ़ लिया, अब इसे खेती सँभालना चाहिए। क्या यह सहज माना जाता था कि आप जैसा लड़का गाँव में पढ़ने के बाद शहर जा कर पढ़ायी करेगा?

हाँ, हमारे परिवार में यही माना जाता था कि बच्चों को अधिक से अधिक आगे पढ़ाना चाहिए। मैं ही नहीं मेरे चाचा के बेटों ने भी विश्वविद्यालय

की शिक्षा ग्रहण की। कुछ ने शिक्षाशास्त्र में विशेष योग्यता लेकर अध्यापन की वृत्ति अपना ली। मेरे छोटे भाई ने एम.ए. करके पी-एच.डी. की। मैं ही बी.ए. में पढ़ते समय ही साहित्य और राजनीति आदि में पड़ गया और मेरा मार्ग दूसरा हो गया।

मैं यह इसलिए पूछ रहा हूँ क्योंकि अभी कुछ दिनों पहले ब्रिटेन में कुछ सर्वेक्षणों में यह पाया गया कि वहाँ जिन प्रवासियों को ज्ञान की पिपासा सबसे अधिक है, वे भारतीय हैं। इससे यह अर्थ निकलता है कि हमारे देश में अधिक पढ़ना या ज्ञान पाना सहज माना जाता रहा है। चूँकि गाँव में रह कर यह नहीं हो सकता होगा, चूँकि तब तक गाँव में इस क़िस्म की संस्थाएँ बाक़ी नहीं रही होंगी जहाँ आप आगे पढ़ सकते। मसलन, ऐसे कम गाँव रहे होंगे जहाँ अच्छे वैयाकरण होंगे। कई जगह कई और तरह के विद्वान भी रहे होंगे पर आपके समय तक शायद पर्याप्त संख्या में बाक़ी न रहे हों। गाँव से शहर शिक्षा के लिए जाया जाता होगा पर शहरों में पारम्परिक शिक्षा के स्थान पर आधुनिक शिक्षा दे दी जाती होगी।

हम लोगों के यहाँ बचपन में ऐसे कुछ विद्वान लोग आया करते थे। हमारे गाँव से कुछ दूरी पर एक पाठशाला चला करती थी। उसके पाँच-छह विद्यार्थियों के भरण-पोषण की व्यवस्था हमारे पिता जी किया करते थे, उनके लिए अनाज आदि भेजा करते थे। बाद में संस्कृत पढ़नेवाले विद्यार्थियों की कमी होने के कारण वह पाठशाला बन्द हो गयी। वहाँ के आचार्य भी कुछ वृद्ध होने लगे थे, और नये अध्यापक आये नहीं इसलिए वह पाठशाला बन्द हो गयी। ग्रामीण भारत में ऐसी बहुत-सी पाठशालाएँ चलती थीं। फिर हमारे पिता ने उस इलाक़े के कुछ लोगों के साथ मिल कर एक हाई स्कूल लक्ष्मीपुर के पास खुलवाया पर यह जब मैं शहर जा कर पढ़ने लगा था, उसके काफ़ी बाद की बात है।

आपने गोरखपुर में कितने वर्षों रह कर अध्ययन किया?

आठ वर्ष।

क्या तब तक आपने साहित्य की पत्रिकाएँ आदि पढ़ना और साहित्य में भागीदारी करना शुरू कर दिया था?

जब मैं गोरखपुर में रह कर दसवीं कक्षा में पढ़ रहा था, हमसे कुछ वरिष्ठ विद्यार्थी जो बारहवीं कक्षा में रहे होंगे, समकालीन साहित्य की चर्चा किया करते थे। जब हम लोग फुटबाल या हॉकी का खेल देखने जाया करते थे तब वे लोग मैदान के किनारे खड़े हो कर नये साहित्य की चर्चा किया करते थे। उन्हीं दिनों कृष्णबिहारी मिश्र भी वहीं उस कॉलेज में पढ़ाने आये थे, उनकी बातें भी नये साहित्य के विषय में जिज्ञासा जगाती थीं। 'तार-सप्तक' का नाम मैंने उन्हीं लोगों से सुना था। 'दूसरा सप्तक' के कवियों के नाम भी मैंने उन्हीं लोगों से सुने थे। फिर उन कवियों की किताबें हमने ढूँढ़नी शुरू कीं। उन दिनों तक नये कवियों में से अज्ञेय जी के ही संग्रह छपे थे। नये कवियों को पढ़ने के लिए 'प्रतीक' के अंक ढूँढ़ने पड़ते थे। एक बार भगवतशरण उपाध्याय हमारे कॉलेज में आये, उन्होंने अपने व्याख्यान में नवप्रकाशित 'मैला आँचल' की प्रशंसा की तो हम लोगों ने 'मैला आँचल' ढूँढ़ना शुरू किया। पता चला कि टाउन हॉल की लाइब्रेरी में एक प्रति है। हम लोग टाउन हॉल की लाइब्रेरी में जा कर वह उपन्यास निकलवा कर पढ़ते थे। मेरे कुछ वरिष्ठ विद्यार्थी रामचन्द्र शुक्ल का 'हिन्दी साहित्य का इतिहास' पढ़ा करते थे, मैं वह किताब लेकर पढ़ गया और उसमें आधुनिक काल की जिन कृतियों का ज़िक्र था, उन्हें पढ़ने की इच्छा होने लगी। गोरखपुर में एक किताबों की दुकान थी, अब नहीं रही। मैं वहाँ जा कर यह देखा करता था कि दुकान में कौन-कौन सी किताबें लगी हुई हैं। दुकान के मालिक ने मुझसे कहा कि जो किताब तुम्हें पसन्द आये, उसे निकाल लो और बैठ कर पढ़ो। इस तरह मैने वहाँ बैठ कर बहुत-सा साहित्य पढ़ा। बाद में मैं वहाँ पैसा लेकर जाता था और उनसे कुछ पुस्तकें ख़रीदने भी लगा। उनके पास इंडियन प्रेस की एजेंसी थी। इंडियन प्रेस से सरस्वती सीरीज की पुस्तकें छपती थीं। जब मुझे पैसे मिलते थे मैं पॉकेट में दो-तीन रुपये लेकर वहाँ पहुँच जाता था और वहाँ से चार-पाँच किताबें ख़रीद लेता था। सरस्वती सीरीज 'पेंगुइन' के आकार-प्रकार की पुस्तक माला थी जिनकी क़ीमत उस

ज़माने में पचास पैसे के क़रीब होती थी। इसमें तरह-तरह के विषयों की किताबें होती थीं। जैसे उस ज़माने में एक सज्जन थे वीर राजेन्द्र ऋषि। वे बम्बई के थे और प्रेतात्माओं को बुलाया करते थे। उनकी इस विषय पर पुस्तक सरस्वती सीरीज में थी। इस विद्या का चलन इंग्लैण्ड में हो गया था, वहाँ विख्यात भौतिक विज्ञानी सर ऑलिवर लाज आदि कई लोग 'स्पिरिचुअलिस्ट' थे। उनके यहाँ 'स्पिरिचुअलिज्म' का यही अर्थ था कि 'स्पिरिट्स' यानी प्रेतात्माओं को बुलाना। उसके लिए तरह-तरह के उपादान थे। टेबल पर स्वतः स्फूर्त लिखाई हुआ करती थी या 'प्लेनचेट' होता था। वीर राजेन्द्र ऋषि की इस विषय पर एक किताब सरस्वती सीरीज में पढ़ने को मिली। कुछ दिनों तक मेरी उस विषय में रुचि हो गयी। मैं वीर राजेन्द्र ऋषि से पत्र व्यवहार करने लगा, ऑलिवर लाज की किताब भी मैंने पड़ी। उनके पुत्र की तरुणावस्था में ही मृत्यु हो गयी थी। वे उस पुत्र की आत्मा को बुला कर उससे बात किया करते थे। मैंने उस विषय पर भी काफ़ी पुस्तकें पढ़ ली होंगी। श्यामसुन्दर दास की 'हिन्दी साहित्य के निर्माता' के दो भाग सरस्वती सीरीज में छपे हुऐ थे। उसे पढ़ने के बाद उसमें उल्लिखित लेखकों की पुस्तकों की तलाश शुरू की। इलाचन्द्र जोशी ने फ्रायड की 'साईकोएनालिसेस ऑफ़ एवरी डे लाइफ' नाम की किताब का संक्षिप्त अनुवाद किया था। वह भी सरस्वती सीरीज में छपी थी। सरस्वती सीरीज में तमाम विषयों पर किताबें थीं, उपन्यास भी बहुत से थे, फ्रांसीसी, अँग्रेज़ी और बाँग्ला उपन्यासों के अनुवाद थे। इस सीरीज में काफ़ी बड़ी संख्या में किताबें छपी थीं और वे पेपरबैक हुआ करती थीं।

आप इस किताब की दुकान पर अकेले ही जाते थे? मैं यह इसलिए पूछ रहा हूँ क्योंकि जिस तरह का अकेलापन आपके साथ जुड़ा हुआ है, क्या वह उन दिनों ही शुरू हो गया था? या आपकी मित्र मण्डली वहाँ पर थी जिसके साथ आप वहाँ जाया करते हों?

वहाँ मैं अकेले जाया करता था। कोई ऐसे मित्र मुझे कम से कम उन दिनों में नहीं मिले, जिनकी इतने विविध विषयों में रुचि रही हो। कुछ ऐसे मित्र बाद के दिनों में ज़रूर मिले, जिनकी गम्भीर रुचि साहित्य में

थी। बिना प्रयत्न किये ही मेरी रुचि तब तक तमाम विषयों में होने लगी थी। फिर धीरे-धीरे मैं अँग्रेज़ी पुस्तकें पढ़ने लगा। तब तक पेंगुइन-पेलिकन सीरीज की पुस्तकें ए.एच. व्हीलर के रेलवे बुक स्टालों पर मिलने लगी थीं। मेरी आदत तब से ही पुस्तकें ख़रीदने की हो गयी। मैं कुछ किताबें देखे रहता था, जब भी पैसा पास आता था, मैं जा कर उन किताबों को ख़रीद लेता था। संयोग से उन दिनों की ख़रीदी किताबों में से पच्चीस-पचास किताबें अभी भी मेरे पास हैं। उन दिनों मैं किताबें ख़रीदने के बाद उन पर दस्तख़त भी करता था, बाद में यह करना छोड़ दिया क्योंकि जो मित्र लोग किताबें माँग कर ले जाते थे, वे किताब पर अगर दस्तख़त हों तब भी वापस नहीं करते थे।

> जब आपने किताबें ख़रीद कर पढ़ना शुरू कर दिया तब क्या किताब की दुकान पर देर तक बैठ कर पढ़ने का सिलसिला कम हो गया या वह वैसे ही चलता रहा?

मैं ख़रीदने के बाद भी बैठ कर वहाँ पढ़ता था। वहाँ ऐसी बहुत सी बड़ी-बड़ी, मोटी-मोटी किताबें होती थीं जिन्हें मैं ख़रीद नहीं सकता था। वे मुझे उन किताबों को देखने देते थे। उनको इससे प्रसन्नता होती थी कि यह बालक पढ़नेवाला है। फिर कुछ किताबों के दुकानदार परिचित हो गये। जब उन्हें यह पता चल गया कि मैं किताबें ख़रीदता भी हूँ, वे मुझे किताबें उधार देने लगे। फिर मैंने ऐसी दुकानें भी देखीं जहाँ साहित्यिक किताबें भी मिला करती थीं, कविताओं के संग्रह मिला करते थे। मुझे अज्ञेय जी का 'बावरा अहेरी' और 'नयी कविता' के कुछ अंक उन्हीं दिनों 'विश्वविद्यालय प्रकाशन' वालों से मिले। उन्होंने गोरखपुर में अपनी दुकान शुरू की थी, बाद में वे वाराणसी चले गये। मैं उन दिनों अनेक विषयों की किताबें ख़रीदता और पढ़ता था। जैसे मैंने आर्थर एडिंगटन की 'एक्सपेंडिग यूनिवर्स' ली और पढ़ी, वह किताब मुझे अभी भी अपने पुस्तकालय में दिखायी दी थी। स्टुअर्ट पिगट की 'प्रीहिस्टोरिक इण्डिया' भी अब तक मेरे पास है। 'पेंगुइन' में उन दिनों पुरातत्व पर बहुत-सी पुस्तकें छपी थीं। उस ज़माने में 'पेंगुइन' ने पुरातत्वशास्त्र पर एक शृंखला ही प्रकाशित की थी। अनातोलिया पर एक किताब प्रकाशित हुई। मार्टिमर व्हीलर की 'डिगिंग द पास्ट' और 'उर आफ द कैल्डीज'

प्रकाशित हुईं। उन्होंने बाद में 'मोअनजोदाड़ों' पर भी जहाँ वे पहले खुदाई कर चुके थे, एक पुस्तक प्रकाशित की थी। गॉर्डन चाइल्ड की तीन-चार किताबें निकलीं। लियोनॉल्ड काट्रेल की किताब में तुर्की से लेकर एशिया माइनर तक की खुदाई के परिणामों का वर्णन था। फ्रांसीसी भाषा से अनुवादित प्राचीन ईरान पर भी एक पुस्तक निकली। इनको पढ़ने से तमाम देशों के प्राचीन इतिहास के बारे में सजगता बढ़ी। इन पुस्तकों को पढ़ना असहज नहीं लगा। उनका बहुत-सा अंश उस समय समझ में नहीं आता था। मैं उन्हें पढ़ भर लेता था और मुझे यह पता चल जाता था कि इन किताबों में इस तरह की सामग्री है। इस अर्जित सजगता के बावजूद उन दिनों बहुत सारे विषयों की बारीक बातें और उनकी पेंचीदगी को समझ नहीं पाता था। वहाँ किस तरह की समस्याएँ हैं, यह भी समझना नहीं हो पाता था। एक किताब को पढ़ कर उस विषय में और क्या-क्या छप रहा है इसकी जानकारी ज़रूर हो जाती थी।

> आप जिन दिनों इन विविध विषयों की किताबें पढ़ा करते थे, आपकी उम्र पन्द्रह से अठारह की रही होगी। क्या आपके चारों ओर लड़के या लड़कियों का या किन्हीं गुरुओं का कोई समूह था जिनसे आप इन विषयों पर बातचीत कर सकते?

कुछ शिक्षकों से कभी-कभी बातचीत होती थी, लेकिन अधिक लोगों से बातचीत नहीं हो पाती थी। यह इसलिए था कि जिन लोगों से हम मिलते थे उनकी रुचि कुछ सीमित विषयों में ही हुआ करती थी। हालाँकि मेरी मित्रता अपने से वरिष्ठ लोगों से ही हुआ करती थी, जैसे जब मैं इण्टरमीडियट में था, मेरी मित्रता एम.ए. में पढ़नेवालों से थी, मैं उनके विषयों की किताबें माँग कर ले आता था और उन्हें पढ़ता था। एक सज्जन मनोविज्ञान के छात्र थे, वे एम.ए. कर रहे थे, मैंने उनसे मनोविज्ञान का इतिहास और असामान्य मनोविज्ञान पर पुस्तकें ला कर पढ़ीं। मैं उनसे यह पूछता था कि हिन्दी में इस विषय पर कौन लोग लिखते हैं। वाराणसी विश्वविद्यालय में लालजी राम शर्मा मनोविज्ञान विभाग के अध्यापक थे। उन्होंने मनोविज्ञान पर हिन्दी में किताबें लिखी थीं, मैंने उनकी किताबें यहाँ-वहाँ से हासिल करके पढ़ी। मैं इन मित्र से केवल मनोविज्ञान पर बात कर पाता था। उनसे साहित्य की या इतिहास की

चर्चा करना कठिन था। साहित्य के बारे में उनकी कोई रुचि नहीं थी। दर्शनशास्त्र के एक अध्यापक थे, वे किसी ज़माने में कांग्रेस पार्टी में भी रहे थे, उनसे मेरी डॉ. राममनोहर लोहिया के विषय में बातचीत होती थी। मुझे उनसे यह सलाह मिली कि मैं 'मैनकाइंड' नामक पत्रिका पढ़ा करूँ। इस तरह मैं मैनकाइंड पढ़ने लगा। हमारे गाँव में हमारी पट्टेदारी में एक व्यक्ति थे जो रिश्ते में हमारे ज्येष्ठ भाई होते थे, हमारे घर में कुछ लोग उन्हें बाबा भी कहते थे। वे १९४२ के आन्दोलन में जेल भी गये थे और सोशलिस्ट पार्टी के सदस्य थे। उन्होंने मुझे डॉ. लोहिया की कुछ किताबें और सोशलिस्ट पार्टी का अन्य साहित्य दिया। मैंने उन्हें पढ़ा। लोहिया की कुछ चीज़ें जैसे कृष्ण पर उनका लेख और राम-कृष्ण-शिव पर उनका वह लेख जो मैनकाइंड में छपा था, पढ़ कर मैं उनके प्रति बहुत आकृष्ट हुआ। लोहिया का गद्य पढ़ने में एक अलग रस मिलता था। हालाँकि इनमें से कई लेख अनुवादित होते थे। फिर भी लोहिया जैसा गद्य हिन्दी में और किसी का नहीं होता था।

आप हिन्दी की जिन पुस्तकों का ज़िक्र कर रहे हैं क्या उनमें संस्कृत से अनूदित पुस्तकें भी शामिल हैं?

हमारे पिताजी के पुस्तकालय में उस ज़माने की संस्कृत की काफ़ी पुस्तकें थीं, कुछ के साथ हिन्दी अनुवाद भी थे। कुछ हस्तलिखित पुस्तकें भी थीं। मैं विज्ञान का विद्यार्थी था और उन दिनों कुछ इस तरह के पाठ्यक्रम थे कि अगर आप विज्ञान पढ़ते हैं तो संस्कृत नहीं पढ़ सकते थे। इस तरह मुझे कभी स्कूल में संस्कृत पढ़ने का अवसर नहीं मिला। लेकिन मैंने अनुवाद के ज़रिये बहुत सारे ग्रन्थों को पढ़ा। वहाँ महाभारत था, पुराणों के अनुवाद थे, संस्कृत नाटकों के अनुवाद थे, मैंने इन सब पुस्तकों को बहुत कम आयु में, कॉलेज जाने के पहले ही पढ़ लिया था। मैं कई बार पत्र-पत्रिकाओं में किन्हीं पुस्तकों के विज्ञापन देखता था तो उन्हें वी.पी.पी. से मंगवा लेता था। उस समय यह बहुत अच्छा लगता था कि पोस्ट ऑफ़िस में हमारे नाम से कोई डाक आयी है। पिताजी को वी.पी.पी. छुड़ानी पड़ती थी।

चूँकि आप अपने गाँव में रहते हुए किताबों के इतने क़रीब थे, जब आप गाँव से गोरखपुर आये होंगे तो आपकी घर की चाहना, हो सकता है कि किताब पढ़ने में पूरी होती हो। शायद आपने तब तक किताब में नया ठिकाना ढूँढ़ना शुरू कर दिया हो?

कभी इस तरह का आत्मविश्लेषण करने का संयोग तो नहीं हुआ। लेकिन पीछे मुड़ कर देखें तो ऐसा अवश्य लगता है। क्योंकि जब गाँव भी जाते थे, तो किताबें साथ लेते जाते थे। अगर ट्रेन से जा रहे हों, तो सबसे पहला काम यह करते थे कि रेलवे स्टेशन के बुकस्टॉल पर जा कर किताबें और पत्रिकाएँ ख़रीदते थे। लूप लाइन की गाड़ी तब बहुत धीरे-धीरे चलती थी। सफ़र में ही बहुत कुछ पढ़ जाते थे, गाँव जा कर पढ़ते रहते थे। गाँव में जितनी किताबें रखीं थीं उन्हें उलटते-पलटते रहते थे। इनमें आयुर्वेद की पुस्तकें भी शामिल थीं। चतुरसेन शास्त्री का बहुत मोटा-सा 'आरोग्य शास्त्र' पिता जी के पास था। उससे मुझे ऋतुचर्या का ज्ञान हुआ। ठाकुर दत्त शर्मा लाहौर की अमृतधारा फार्मेसी की कई किताबें थीं। तमाम चीज़ों के सूची पत्र थे। बीज बेचनेवाली कम्पनियों के सूची पत्र हुआ करते थे, मैं यह सब भी पढ़ डालता था। मैं उन्हें पढ़ कर पिताजी को बतलाता था कि बीजों की कितनी नयी किस्में निकली हैं।

क्या इस बीच आपने लिखना शुरू कर दिया था?

जब मैं शहर में पढ़ने गया, वहाँ पाठ्यक्रम में कविताएँ होती थीं। उसमें भूषण और पद्माकर आदि की और ब्रज की कविताएँ थीं। उस संग्रह के अन्तिम कवि सम्भवत: मैथिलीशरण गुप्त थे। मुझे उनका अनुकरण करने की इच्छा हुई। व्याकरण में पढ़ाया गया था कि यह घनाश्री छन्द है, या यह सवैया छन्द है। इनमें इतनी मात्राएँ, लघु-गुरु होती हैं। उस हिसाब से मैं छन्दों में लिखने की चेष्टा कभी-कभी करने लगा।

क्या वे कविताएँ अब तक आपके पास हैं?

नहीं। वे स्कूल की कापियों के साथ ही ख़त्म हो गयीं। वे रूढ़ियों वाली कविताएँ थीं। उदाहरण के लिए बसन्त ऋतु पर लिखी कविता में बसन्त

ऋतु से जुड़ी तमाम रूढ़ियों का इस्तेमाल करता था। छन्दों में मात्रा गिनते हुए, लघु -गुरु गिनते हुए तुकबन्दियाँ करता था।

और क्या आप तब गद्य भी लिखा करते थे?

गद्य लिखने का अवसर नहीं था। मतलब स्कूल, कॉलेज के लिए जो लिखना-पढ़ता था उसके अलावा कोई गद्य नहीं लिखा था। बाद में मैंने कहानियाँ लिखनी शुरू कीं।

क्या आपने उन दिनों यह सोच लिया था कि आप अपनी आगे की ज़िन्दगी में कविता लिखना चाहते हैं?

ऐसी स्पष्ट सोच तो बाद में आयी जब मैंने पाया कि मैं अधिकांश समय हिन्दी का समकालीन साहित्य पढ़ने में लगा रहा हूँ। मैं तमाम विषयों की पुस्तकें पढ़ता रहता था लेकिन गोरखपुर में कठिनता से मिलनेवाली हिन्दी की पुस्तकें-पत्रिकाएँ जिनके पास वे हो सकती थीं उनसे माँग-माँग कर पढ़ता था। धीरे-धीरे गोरखपुर में जो नवोदित कवियों की मण्डली विकसित हो रही थी जिसमें श्री परमानन्द श्रीवास्तव, श्री भगवान सिंह, श्री रामसेवक श्रीवास्तव जैसे लोग थे, इनसे रोज़ मिलना-जुलना होने लगा, साहित्य की बातचीत होने लगी, मैं लिखने भी लगा। तब भी मैंने यह स्पष्ट नहीं सोचा था कि मैं कवि बनना चाहता हूँ, न यह सोचा था कि लेखक बनना चाहता हूँ। कहिये तो अपने चित्त के स्तर पर अभी यह संकल्प उदित नहीं हुआ था।

क्या इन तमाम तरह की किताबों को पढ़ते हुए आपके मन में यह बात कभी नहीं आती थी कि यह करके आपका अकादेमिक कैरियर कुछ बेहतर हो जाएगा?

सम्भवत: मुझमें अकादेमिक कैरियर या किसी भी तरह के कैरियर की भावना कभी नहीं पैदा हुई। यहाँ तक कि हर कक्षा में कुछ लोगों में कक्षा का सर्वश्रेष्ठ विद्यार्थी बनने की इच्छा हुआ करती थी। इस प्रकार कक्षा के दो चार लड़कों में एक प्रतियोगिता की भावना होती थी। हमारी कक्षा

में ऐसे कुछ लोग थे जो अच्छे अंक पाने के लिए कोशिशें करते रहते थे। मुझमें यह भावना क़रीब-क़रीब नहीं थी। मैं ऐसी कोई कोशिश नहीं करता था। अनायास ही कुछ विषयों में बहुत अच्छे अंक मिल जाते थे, कुछ में नहीं भी मिलते थे। इसी तरह बाद में भी समकालीनों के साथ कोई प्रतियोगिता की भावना कभी मन में नहीं आयी।

पर किताब के चयन के पीछे ऐसा कोई आधार नहीं होता था।

ऐसा कोई आधार नहीं था। बल्कि ऐसा होता था कि जिन दिनों सुबह जा कर परीक्षा देनी होती थी उसके पहले की रात को मैं उपन्यास पढ़ रहा होता था। हो सकता है कि मैं कई बार तीन-चार बजे रात तक उपन्यास पढ़ता रहा होऊँ और सुबह नौ बजे जा कर परीक्षा दे आया होऊँ।

इसका अर्थ यह है कि इस अध्ययन के पीछे जानने की आकांक्षा ही काम कर रही होगी?

शायद वही मूल भावना थी। ज़्यादातर पढ़ाई तो ज्ञान पिपासा शान्त करने के लिए ही थी। कभी-कभी अच्छे गद्य का आनन्द लेने के लिए भी पढ़ता था, कभी अच्छे पद्य का आनन्द लेने के लिए। हज़ारी प्रसाद द्विवेदी की एक पुस्तक उन दिनों हाथ लगी—प्राचीन भारत में कला विलास—उसे अनेक बार पढ़ा। लेकिन धीरे-धीरे पढ़ी हुई पुस्तकों के बीच तुलना करने का, उनके श्रेष्ठ अंशों को रेखांकित करने का, रेखांकित की गयी सामग्री को किसी नोटबुक में लिख लेने का, उसे बार-बार पढ़ते हुए उसके बारे में सोचने का—इन सब क्रियाओं के ज़रिये चित्त में श्रेष्ठता के कुछ मानदण्ड ज़रूर विकसित होने लगे। फिर कुछ पुस्तकें उस मानदण्ड में हेठी लगतीं तो उनको पढ़ना छोड़ देता था। उन दिनों बहुत से प्रगतिशील उपन्यासकार थे जिनके उपन्यास दुकानों में उपलब्ध थे। हालाँकि आज प्रगतिशील साहित्य वाले भी उन नामों को याद नहीं करते, लेकिन तब उन लोगों की प्रगतिशील क्षेत्रों में बहुत साख थी। मुझे इनमें से एक-दो पुस्तकें पढ़ने की कोशिश करने के बाद ही पता चल गया कि इन्हें नहीं पढ़ना है। इसी तरह का विवेक अँग्रेज़ी पुस्तकें पढ़ने में भी होने लगा क्योंकि पेपरबैक में बहुत-सा लोकप्रिय उपन्यास साहित्य

छपा होता था।

क्या इन्हीं दिनों आप ने राजनैतिक जगत में जाने का भी सोचा था?

जब मैंने लोहिया जी की पुस्तकें पढ़ी, तब कुछ ऐसा हुआ कि बहुत से सोशलिस्ट लोग सम्पर्क में आने लगे। कुछ तो समाजवादी साहित्य के आदान–प्रदान के लिए यह हुआ होगा फिर उनसे समस्याओं पर चर्चा भी होने लगी। उन दिनों कुछ समाजवादी गांधी विरोधी भी थे और कम्युनिज़्म विरोधी भी थे। मेरी इन सब लोगों से बात होती थी। यहाँ तक की कई कम्यूनिस्ट लोग भी मुझे पढ़ने के लिए किताबें दिया करते थे। फिर हम नेताओं के भाषण सुनने भी जाया करते थे। मेरे बचपन में ही एक बार वहाँ जवाहरलाल नेहरू आये, पिताजी मुझे उनका भाषण सुनने के लिए लेकर गये। बाद में वहाँ जयप्रकाश नारायण और राममनोहर लोहिया भी आये। मैंने उनके भाषण भी सुने।

क्या आपके पिताजी का सक्रिय राजनीति से कोई सम्बन्ध था?

नहीं। पर वे अवसर मिलने पर उन अनेक लोगों की सहायता किया करते थे, जो स्वाधीनता आन्दोलन में थे या रहे थे। राजनीतिक कार्यकर्ता उनसे सहज सहायता की अपेक्षा रखते थे। स्थानीय स्तर के अनेक कवि थे जो राष्ट्रीयता की कविताएँ लिखा करते थे। ये लोग प्राय: अपनी पुस्तकें स्वयं छपाते और बेचते थे। छपाने के लिए अपने प्रशंसकों के बीच में चन्दा कर लेते थे। अनेक ऐसे लोग थे जो कभी पत्रकारिता करते थे और वे लोग सक्रिय राजनीति में भी थे। ये लोग हमारे घर आया–जाया करते थे। हमारे गाँव में कुछ ऐसे लोग भी थे जो बर्मा या सिंगापुर में बस गये थे और वहाँ आज़ाद हिन्द फ़ौज में शामिल हो गये थे, वे लोग भी वापस आये। इन सबके प्रति भी हमारे मन में आकर्षण था। मैं उनसे जा कर बातचीत किया करता था। उनसे मैं यह पूछता रहता था कि आज़ाद हिन्द फ़ौज में या बर्मा में या सिंगापुर में किस तरह का जीवन है। कैसे लड़ाई लड़ी गयी थी। मैं यह बता दूँ कि जहाँ तक सुनने का प्रश्न है, मैं बचपन से ही पिताजी के साथ कुछ साधुओं और सन्तों को सुनने के लिए भी

जाया करता था। एक साधु पलकनिधि पथिक जी गोरखपुर आया करते थे। वे अपना प्रवचन करने के पहले अपने सुरीले कण्ठ से एक स्वरचित भक्ति गीत भी सुनाते थे। कुछ दिनों तक गोरखनाथ मन्दिर में महन्थ अवैद्यनाथ वेदान्त पर कक्षा लिया करते थे। पिता जी के साथ हम वहाँ भी जाते थे। पिता जी विचारों से कट्टर सनातनधर्मी थे लेकिन वे हमको आर्य समाज के जलसों में भी उपदेशकों के भाषण सुनने के लिए ले जाते थे। वहाँ पर बहुत-सी पुस्तक-दुकानें भी होती थीं। पिता जी भी पुस्तकें ख़रीदते और हमें भी ख़रीदने देते।

> क्या वे सिर्फ़ आपको ले जाते थे या आपके दूसरे भाई भी आपके साथ जाया करते थे?

मैं उनका बड़ा बेटा था, मुझे ही वे साथ लेकर जाते थे। छोटा भाई माँ के पास रहता था। कभी-कभी वहाँ के सिनेमाघरों में ऐतिहासिक चलचित्र आते थे, तब वे मुझे चलचित्र दिखाने भी ले जाते थे। एक बार वे मुझे 'पृथ्वीराज-संयोगिता' पर बनी फ़िल्म दिखाने ले गये। एक बार 'हर हर महादेव' दिखाने ले गये थे।

> गोरखपुर जा कर आपने ऐसे दरवाज़े ढूँढ़ लिये थे जो दुनिया पर खुलते थे। आपके सामने सारी दुनिया धीरे-धीरे खुल रही थी। क्या आप अपने पिता से इन विषयों पर बातें किया करते थे?

पिताजी बहुत शान्त और गम्भीर प्रकृति के थे। उनसे अधिक बातचीत नहीं हो सकती थी। कभी-कभी मैं उनसे कुछ पूछता ज़रूर था और वे मेरी जिज्ञासाएँ शान्त करते थे। जैसे उन्होंने मुझे कई बार पौराणिक कहानियाँ सुनायी थीं। उनकी यह भी इच्छा थी कि मैं उर्दू पढ़ूँ। उन्होंने मुझे कई बार उर्दू लिपि सिखलाई। लेकिन उर्दू के संयुक्ताक्षर सीखने में मुझे मुश्किल हो जाती थी। उन्होंने फिर बहुत ज़्यादा जोर नहीं दिया। उन्होंने एक पण्डित जी से कहा कि वे मुझे भगवद्गीता कण्ठस्थ करवा दें। वह भी कुछ दिनों तक चला।

> गोरखपुर में राजनेताओं को सुनते हुए और लोहिया को पढ़ते हुए क्या आप संयुक्त सोशलिस्ट पार्टी के निकट सम्पर्क में आये?

हाँ, उस समय तक उसे सोशलिस्ट पार्टी कहते थे, एक बार लोहिया जी वहाँ आये तो हम स्टेशन पर उनका स्वागत करने पहुँचे। नारे वग़ैरह लगाये। वे जहाँ ठहरे थे, उनको दूर से देखने एक दो बार वहाँ चले गये। उनसे बातचीत तो ख़ैर क्या करते। लेकिन सोशलिस्ट पार्टी के अन्य कार्यकर्ताओं से मिलना-जुलना बढ़ने लगा।

> उन कार्यकर्ताओं में क्या ऐसे कई लोग थे जिनकी रुचि उतनी व्यापक थी जितनी आपकी, जिनसे आप अपनी बातों का साझा कर सकते?

उनमें से किसी की ज्ञान में रुचि रही हो ऐसा नहीं लगता। एक सतही ढंग का साहित्य प्रेम कुछ लोगों में था। लेकिन मैं उन लोगों से केवल समाजवाद से सम्बन्धित बातें ही करता था।

> इसका मतलब यह हुआ आप उन लोगों के बीच भी अकेले ही थे?

मैंने तब तो इस तरह नहीं सोचा था। लेकिन आप कह रहे हैं तो सोचता हूँ। सोचने पर मुझे भी ऐसा ही लगता है।

> आपके दिल्ली आने का मार्ग किस तरह प्रशस्त हुआ, आप बता रहे थे कि आपकी नियुक्ति...

वह प्रसंगवश उल्लेख आया था, लेकिन मैं दिल्ली उसके पहले कई बार जा चुका था। जब मैं बी.ए. में पढ़ रहा था, अच्छा विद्यार्थी था, तो अनेक अध्यापक थे जो मुझे पसन्द करते थे। उन अध्यापकों से ज़्यादा बातचीत होने लगी थी। एक-दो अध्यापक युवा थे इसलिए उनसे वय की दूरी अधिक नहीं थी और हमारी तो पहले से ही आदत थी अपने से अधिक आयु के लोगों से बातचीत करने की। चूंकि किताबें पढ़ने की आदत थी

इसलिए मैं उनसे उनके विषय की किताबों के बारे में राय लिया करता था। वे लोग प्राय: उन किताबों का नाम लेते थे जिन्हें उन्होंने अपने विषय को पढ़ाने के लिए पढ़ा होता था। मैं वे किताबें पुस्तकालय से जा कर ले आता और उन्हें पढ़ता। सामान्य अँग्रेज़ी की कक्षा में लगभग दो सौ विद्यार्थी एक साथ बैठा करते थे। उस कक्षा में हाजरी ली जाती थी, कक्षा में विद्यार्थियों की बड़ी संख्या के कारण शोरगुल अधिक रहता था, कई बार पुकारा गया नाम सुनायी नहीं पड़ता था और मैं 'यस सर' नहीं कह पाता था। उस कक्षा में मेरी उपस्थिति कम हो गयी और मुझे परीक्षा देने का अवसर नहीं दिया गया। फिर मैंने वहाँ पढ़ना छोड़ दिया।

इस बीच एक और घटना हुई। मैं कहानियाँ लिखने लगा था। मैंने एक कहानी लिखी और उसे इलाहाबाद से प्रकाशित होनेवाली भैरव प्रसाद गुप्त द्वारा सम्पादित पत्रिका 'कहानी' में भेज दिया। वह वहाँ छप गयी। पत्रिका में लेखक का पता भी छपता था, मेरी कहानी के छपने के बाद मुझे कुछ पत्र भी आये। कुछ और सम्पादक लोग अपनी पत्रिकाओं के लिए कहानी माँगने लगे। फिर मैंने चार-पाँच कहानियाँ और लिखीं। वे भी प्रकाशित हुईं। मेरी अन्तिम कहानी योजना आयोग से प्रकाशित होनेवाली पत्रिका 'योजना' में प्रकाशित हुई जिसके सम्पादक उस समय मन्मथनाथ गुप्त थे। मैं कविताएँ भी लिखने लगा था। जब मैं इस्तहान नहीं दे पाया, मैं दिल्ली चला गया। मैंने पिताजी से कहा मैं छुट्टियों में दिल्ली जाना चाहता हूँ। मेरे पास दस-पन्द्रह लोगों के पते थे। 'कहानी' पत्रिका में कहानियों के साथ लोगों के पते छपते थे, कुछ पते लेकर मैं दिल्ली चला गया। उसमें एक पता रामकुमार का भी था। हमारे गाँव के पास के एक सज्जन नेशनल फिजिकल लेबोरेटरी में काम करते थे, मैं उनके यहाँ रुका। हर रोज़ एक पता लेकर किसी लेखक से मिलने जाता।

तब आप किन-किन लोगों से मिले?

जब मैं रामकुमार जी से मिलने गया, वे घर पर नहीं थे। पर घर पर एक सज्जन थे जिन्होंने मुझे अच्छी तरह बिठाया और मुझसे बातचीत की। पाँच साल बाद जब मैं साहित्य में अपेक्षाकृत अधिक सक्रिय हुआ तब जा कर मुझे पता चला कि वे सज्जन निर्मल वर्मा थे।

उन्होंने आपको यह नहीं बताया था कि वे ख़ुद भी कहानियाँ लिखते हैं?

नहीं! हालाँकि उनकी एक कहानी मैं तब तक पढ़ चुका था। उस कहानी का शीर्षक था 'बैगाटेल' और वह उनके किसी कहानी संग्रह में नहीं है। वह कहानी मुझे बहुत पसन्द थी।

उस दिल्ली-दौरे में आप और किनसे मिले?

मन्मथनाथ गुप्त से मिला था। सर्वेश्वर दयाल सक्सेना से मुलाकात हुई थी। वे उन दिनों मॉडल टाउन में रहा करते थे। सर्वेश्वर जी के यहाँ विश्वनाथ प्रसाद त्रिपाठी से मुलाकात हुई। दो साल बाद जब मैं दोबारा दिल्ली गया, मैं विश्वनाथ प्रसाद त्रिपाठी के साथ ही रुका। वे बस्ती के हैं। जब मैं मॉडल टाउन में इनके यहाँ रुका तब मेरी वहाँ कई लोगों से मुलाकात हुई। मॉडल टाउन में ही श्री अजित कुमार रहते थे। वहीं देवीशंकर अवस्थी से मुलाकात हुई, एक-दो बार नामवर सिंह भी वहाँ आये। केदारनाथ सिंह से मेरी मुलाकात गोरखपुर में ही हुई थी। वे गोरखपुर आते-जाते थे। वे भी दिल्ली में मिले।

मैं दिल्ली में लोगों से मिलने के अलावा किताबों की दुकानों का, रविवार को दरियागंज में लगनेवाले पुरानी पुस्तकों के बाज़ार का, सड़कों पर पुस्तकें बेचनेवालों का भी चक्कर लगाया करता था। इनमें बहुत-सी रोचक किताबें मिलती थीं। उन दिनों मुझे डॉ. हरदयाल की एक पुस्तक 'हिन्ट्स फार सेल्फ कल्चर' मिली। इसमें उन्होंने यह बताया था कि हर विषय का अध्ययन क्यों करना चाहिए और बताया था कि उस विषय की क्या-क्या समस्याएँ हैं, उन समस्याओं पर किन-किन लोगों ने लिखा है और उनकी कौन-सी पुस्तकें पढ़नी चाहिए। इस पुस्तक में यह लिखा है, उस पुस्तक से यह ज्ञात होगा आदि। उस पुस्तक ने मुझे कई किताबें ख़रीदने और पढ़ने में मदद की। मैं शुरू के जीवन में डॉ. हरदयाल से बहुत प्रभावित रहा। मैं उनके जीवन के विषय में भी जानकारी लेता रहता था। कभी-कभी मुझे उनका जीवन चरित्र लिखने की भी इच्छा होती थी। दिल्ली में उनके ज़माने के लोगों से जा कर मैं मिलता था और उनके बारे में पूछता था। भारतवर्ष में उनके परिचितों को मैं पत्र लिखता था। हरदयाल

के हिन्दी में प्रकाशित निबन्धों का एक संग्रह कानपुर से नारायण प्रसाद अरोड़ा ने छापा था। वे राष्ट्रीय आन्दोलन में थे। बाद में उनके पुत्र अर्जुन अरोड़ा संसद सदस्य बने। अरोड़ा जी बीसवीं शताब्दी के शुरू के वर्षों में कानपुर के जाने-माने कार्यकर्ताओं में थे। उन्होंने लम्बे-लम्बे पत्र लिख कर मुझे हरदयाल के विषय में काफ़ी बातें बतलायीं। एक लाला हरवंश सहाय थे, जो हार्डिंग बम काण्ड में पकड़े गये थे, और उन दिनों तक जीवित थे। मैं डॉ. हरदयाल के बारे में पूछने उनके पास भी गया। उन्होंने मुझे उनके बारे में तमाम बातें बतलायीं। उनका यह विश्वास था कि डॉ. हरदयाल की स्वीडिश पत्नी ने ही उन्हें ज़हर दे दिया था। यहाँ के कुछ क्रान्तिकारी लोग स्वीडेन जा कर उनसे बदला भी लेना चाहते थे। हालाँकि डॉ. हरदयाल को ज़हर देने का कोई प्रमाण नहीं था। जिस चीज़ के विषय में मुझे दिलचस्पी हो जाती थी, मैं उसे हर तरह से जानने की कोशिश करता था।

आज जब मैं इन सब बातों पर सोचता हूँ तो कई बातें पता लगती हैं। यह जिज्ञासा होती रही कि उन दिनों लोगों के विश्वास किस तरह से बनते रहे होंगे। अपनी मान्यताएँ वे कहाँ से प्राप्त करते रहे होंगे। लाला हनुवन्त सहाय ने घर पर मुझे तमाम तरह के पैम्फ़्लेट दिखाये थे जो उन्नीसवीं शदी के अन्त और बीसवीं शताब्दी के प्रारम्भ में इंग्लैण्ड में काम कर रहे तरह-तरह के संगठनों ने प्रकाशित किये थे। इनमें से कोई 'रैशनलिस्ट एसोसिएशन' था तो कोई 'एथीस्ट यूनियन' था तो कोई 'ह्यूमनिस्ट' संगठन था। इस तरह के तमाम संगठन अँग्रेज़ी में तमाम साहित्य प्रकाशित किया करते थे। भारत में एक ज़माने में लाहौर और कलकत्ता से भी इस तरह के बहुतेरे पैम्फ़्लेट छपे थे। सनातन धर्म और आर्य समाज के बीच भी पूरे हिन्दी क्षेत्र में पैम्फलेट्बाजी हुई थी। ऐसा लगता है कि बीसवीं शताब्दी के शुरू में भारतीय लोगों का मन या भारतीय जागरूक लोगों का दिमाग़ ख़ाली पट्टी जैसा था। वे लोग उन प्रोपेगेंडा पैम्फलेट्स को पढ़ते ही नहीं थे उनमें दी गयी राय को एक तरह से परम सत्य मान कर चलते थे। इसके बाद इंग्लैण्ड में जो अगली पीढ़ी में प्रकाशन हुए, वे भारतवर्ष की अगली पीढ़ी द्वारा पढ़े गये और भारत की अँग्रेज़ी जाननेवाली अगली पीढ़ी उनसे प्रभावित हुई। यह क्रम काफ़ी दिनों तक चलता रहा। आधुनिक हिन्दी साहित्य के इतिहास में भी आप मोटे तौर पर यह देख

सकते हैं कि कौन–सी पीढ़ी है जो केवल रोमांटिक कवियों को ही पढ़े हुए है। कौन–सी पीढ़ी है जो एलियट तक पहुँच गयी है, कौन–सी पीढ़ी है जो उसके बाद के कवियों तक पहुँच गयी है और उसके बाद कौन–सी पीढ़ी है जो विश्व के सारे कवियों को पढ़ती है। क्योंकि बहुत सारा यूरोपीय, लातीन, अमरीकी और कुछ एशियाई साहित्य भी अमरीकी विश्वविद्यालयों में पढ़ाया जाने लगा है, वहाँ के अध्यापक बहुत सारा अनुवाद करने लगे हैं और प्रकाशक इस तरह के अनुवाद छापने लगे हैं। भारतवर्ष में यह सब पढ़ा गया। इसमें बहुत कुछ भूमिका अँग्रेज़ी के प्रकाशन उद्योग द्वारा अँग्रेज़ी जाननेवाले क्षेत्र में उपलब्ध कराये जानेवाले प्रकाशनों की होती है। वैसा ही राजनैतिक क्षेत्र में है। कौन–सी पीढ़ी इंग्लैण्ड जा कर कम्यूनिस्ट बनी, वहाँ उन्होंने क्या किताबें पढ़ी होंगी, किस तरह वे 'लेफ़्ट बुक क्लब' से जुड़े होंगे, कौन लोग उससे आगे बढ़ गये। कौन–से लोग जर्मनी जा कर पढ़े और उन पर किस तरह के प्रभाव पड़े। कौन–से लोग पढ़ने जापान चले गये और एक अन्य तरह की समझ लेकर लौटे। जब दार्शनिकों से बातचीत होने लगी तो हमने पाया कि उनके बीच भी यही सब चल रहा था। एक ज़माने तक भारत के विश्वविद्यालयों के तमाम दर्शन अध्यापक ब्रैडले की तर्ज पर 'आईडियलिस्ट' हुआ करते थे। फिर अगली पीढ़ी के दार्शनिक कैम्ब्रिज में प्रचलित विश्लेषणात्मक दर्शन की रीति में प्रबन्ध लिखने को आतुर होते रहे। सबसे बड़ी उपलब्धि यह मानी जाती थी कि उनका एक पत्र 'माइंड' पत्रिका में छप जाय। बाद की पीढ़ी में अस्तित्ववाद और 'फेनामेनालॉजी' की ओर आकर्षण बढ़ने लगा।

मैं एक बार दिल्ली जा कर घर लौट आया था। साल भर बाद फिर दिल्ली जाने की इच्छा तीव्र होने लगी। इस जिज्ञासा का कारण समकालीन साहित्य में इस बीच बेतहाशा बढ़ी दिलचस्पी ही थी। मैं अब कविताएँ लिखने में काफ़ी समय लगाने लगा था। अभी तक मैंने ऐसा विचार करके संकल्प तो नहीं किया था लेकिन व्यवहार में मैं साहित्य की वृत्ति को ही अपना रहा था।

दूसरी बार पहले मिले लोगों से तो मुलाकात हुई ही कुछ नये लोगों से भी मुलाकात हुई। श्री सच्चिदानन्द वात्स्यायन 'अज्ञेय' के साथ काम भी करने का अवसर मिला। उन दिनों वात्स्यायन जी 'रूपाम्बरा' नाम का

प्रकृति सम्बन्धी कविताओं का एक संग्रह बना रहे थे। वात्स्यायन जी द्विवेद्वीयुगीन कुछ ऐसे कवियों की प्रकृति सम्बन्धी कविताएँ चाहते थे जो केवल पुरानी साहित्यिक पत्रिकाओं में ही उपलब्ध थीं। ये पत्रिकाएँ चाँदनी चौक के मारवाड़ी पुस्तकालय या दिल्ली पब्लिक लायब्रेरी आदि में प्राप्त हो सकती थीं। मैंने इन जगहों पर जा कर उन कविताओं को ढूँढ़ा और उनकी टीपें उतार कर वात्स्यायन जी को दी, वे कविताएँ फिर 'रूपाम्बरा' में प्रकाशित हुईं। जिन दिनों मैं 'कल्पना' में काम कर रहा था, अज्ञेय जी ने कृपापूर्वक 'रूपाम्बरा' की एक प्रति हस्ताक्षर करके मुझे भेजी थीं। दिल्ली में ही श्री रघुवीर सहाय से मुलाकात हुई। सर्वेश्वर जी ने बद्रीविशाल पित्ती से भी परिचय कराया। उनसे दिल्ली के जनपथ होटल में बातचीत हुई। तब तक 'कल्पना' में मेरी दो कविताएँ छप चुकी थीं। लेकिन उसके बाद प्रकाशनार्थ भेजी गयी कविताएँ वापस लौट आयी थीं। श्री पित्ती जी ने बातचीत के बाद मुझे हैदराबाद बुलाया। मैं हैदराबाद जा कर 'कल्पना' के दफ़्तर में काम करने लगा।

उन दिनों हैदराबाद शहर कैसा था?

आज की तुलना में बहुत छोटा-सा शहर था। वहाँ कई मित्रताएँ हुईं। वहाँ उर्दू के अच्छे कवि थे। उस्मानिया विश्वविद्यालय में पढ़ानेवाले कुछ बुद्धिजीवी अध्यापक थे, कुछ पत्रकार थे। ये सभी लोग हर शाम आबिड्स पर स्थित ओरियंट कैफ़े में इकट्ठा हुआ करते थे। मैं भी वहाँ जाने लगा। ओरियंट कैफ़े में मज़दूर संगठनों के लोग भी बैठा करते थे। उनमें राजनैतिक कार्यकर्ता भी होते थे, साहित्यिक भी, दर्शनशास्त्र के अध्येता भी। ये सब शाम को बैठ कर चाय पीते हुए गप्प मारते थे। उर्दू के बड़े शायर और मज़दूर नेता मखदूम मोहीउद्दीन उन दिनों वहाँ थे। उर्दू के एक बहुत ही अच्छे नये शायर वहीद अख्तर थे, जो उन दिनों सूफ़ी दर्शन पर शोध कर रहे थे। उनसे बहुत मित्रता हो गयी। बहुत से शायरों को सुनने का अवसर मिला। आलम खुन्दमीरी बहुत अच्छे विचारक और लेखक थे, जो अँग्रेज़ी में भी लिखते थे। इन्होंने उर्दू में एक विचार पत्र भी निकाला था, जिसके पीछे सम्भवतः समाजवादी प्रेरणा थी। इनकी पुत्री का विवाह चित्रकार मकबूल फिदा हुसेन के बेटे शमशाद से हुआ था। इनके पुत्र समाजशास्त्री जा़वेद आलम हैं। वहाँ इन तमाम क्षेत्रों के लोगों से मिलने का, उनकी

चीज़ें पढ़ने का और उनकी समस्याएँ समझने का अवसर मिला।

वहाँ किताबों की दुकानें भी थीं। सड़क पर पुरानी किताबों की दुकानें भी लगती थीं, उनमें कई अच्छी किताबें मिल जाती थीं। उन किताबों की दुकानों के मालिकों में से एक बाद में दिल्ली आ गये और उन्होंने तीन-चार किताबों की दुकानें खोलीं, उनसे किताबें लेने का सिलसिला आज भी जारी है। अब उनके बच्चे दुकानों पर बैठते हैं।

> उन दिनों किन विषयों पर ज़्यादा बात हुआ करती थी ? मैं यह तो समझता हूँ कि ऐसे समूह में लोग कविताएँ सुनते-सुनाते होंगे। पर उन वर्षों में यानी छठवें दशक के अन्तिम वर्षों में ऐसे कौन से प्रश्न थे जो सोचने-समझनेवालों को उद्वेलित कर रहे थे।

विषयों पर बहसें तो कम होती थीं लेकिन समस्याओं का उल्लेख अवश्य होता था। कैफ़े में मिलने पर हाल-चाल ही पूछा जाता था और लोग दुनिया के हाल-चाल पर, ख़ास तौर पर हैदराबाद में हो रही घटनाओं पर बातचीत करते। वहाँ जिन सन्दर्भों का ज़िक्र होता था, उन्हें मैं कम ही समझ पाता था। कैफ़े में साथ बैठते-बैठते एक दूसरे को चाय पिलाते हुए मित्रताएँ बहुत हुईं। उन मित्रों से विचारों का भी आदान-प्रदान होता था। अक्सर विदेशी लेखकों के बारे में एक दूसरे की राय पूछी जाती। अस्तित्ववाद के बारे में लोगों में रुचि बढ़ रही थी। कामू के 'द रेबेल' ने अहिंसा के पक्ष में लोगों को तर्कों से सुसज्जित कर दिया था। कुछ दर्शन के अध्येता और कुछ समाजवादी बौद्धिक कामू के समर्थन में बोलते थे तो कम्यूनिस्ट लोग चुप रह जाते थे। उन दिनों मोहम्मद इकबाल को एक महान शायर के रूप में प्रतिष्ठित करने की भी कोशिश हो रही थी। कई लोग उन पर भी बातचीत करते। हैदराबाद में तेलगू साहित्य से भी परिचित होने का अवसर मिला।

मैं उन सब जगहों पर जाया करता था जहाँ किताबें मिल सकती थीं। मैंने उन्हीं दिनों 'डिक्लाइन ऑफ़ द वेस्ट' ख़रीदी। उसकी धारणाएँ पूरी तरह समझ में नहीं आयीं, पर उसके कुछ वर्णनों ने दिमाग़ में घर कर लिया। उससे मुझे यह समझ में आने लगा कि इतिहास का युग विभाजन किस-किस तरह से हुआ करता है, उसकी क्या-क्या समस्याएँ हुआ करती हैं।

लोहिया जी ने हैदराबाद में कुछ दिनों पहले व्याख्यान दिये थे जो 'व्हील ऑफ़ हिस्ट्री' नाम से प्रकाशित हुए थे। मैंने वह किताब भी पढ़ी। इन दिनों अमरीका से 'स्कॉलरली पेपरबैक' छपने शुरू हुए थे। इनमें बहुत ही विद्वत्तापूर्ण किताबें सस्ते मूल्य पर उपलब्ध करायी जाती थीं। इनमें से एक किताब थी 'वैरायटीज़ ऑफ़ हिस्ट्री'। उसमें भी मुझे अनेक विचारों के इतिहासकारों और उनकी आलोचनाएँ पढ़ने का अवसर मिला। यूरोप के बहुत से प्रसिद्ध इतिहासकारों की पुस्तकों के अँग्रेज़ी अनुवाद अचानक उपलब्ध होने लगे। अर्नाल्ड टायन्बी को उस समय मैं नहीं पढ़ पाया था पर पेपरबैक में 'ए स्टडी ऑफ़ हिस्ट्री' ज़रूर ख़रीद ली थी। ऐसे कई इतिहासकार थे जिनकी किताबें उन दिनों प्रचलित हो रही थीं जिनमें से कुछ इतिहासकार भौगोलिक तत्त्वों पर बात करते थे, ऐसे एक इतिहासकार ने 'मेनस्प्रिंग्स ऑफ़ सिविलाइज़ेशन' नामक किताब लिखी थी। दांते की 'डिवाईन कॉमेडी' के कई अनुवाद प्रकाशित हुए। अन्य क्लासिक्स के भी अनुवाद बड़ी संख्या में प्रकाशित हुए और उन लोगों की किताबें भी प्रकाशित हुईं जिनका इतिहास और दर्शन के क्षेत्र में महत्त्वपूर्ण योगदान था। ए.एन. व्हाइटहेड की किताबें प्रकाशित हुईं। 'डॉयलाग्स विद व्हाइटहेड', नामक किताब मुझे इतनी ग्राह्य हुई कि मैं हर सुबह-शाम उसके कुछ पृष्ठ पढ़ता। तमाम पश्चिमी दार्शनिकों और दर्शन सरणियों पर उनके मन्तव्यों ने बहुत प्रभावित किया। उसके बाद शिक्षा पर उनकी एक पुस्तक प्रकाशित हुई। दार्शनिक जार्ज सानटियाना की किताबें आयीं। उनमें एक पुस्तक पश्चिम के तीन क्लासिकी कवियों पर थीं।

उनमें कौन से कवि थे? होमर, दांते और...

वर्जिल! बाद में मैं सानटियाना की अन्य किताबें ढूँढ़ता रहा। उनकी एक किताब थी 'डॉमिनेशन्स एंड पावर्स' जो राजनीति दर्शन पर थी। ढूँढ़ी जा रही किताबें दो-चार वर्षों में अवश्य मिल जाती थीं। उस ज़माने में कुछ ऐसी पुस्तक-दुकानें बची हुई थीं जिनमें बहुत-सी ऐसी गम्भीर पुस्तकें पड़ी हुई थीं जो लोगों द्वारा ख़रीदने से रह गयी थीं। पुरानी (सैकण्ड हैण्ड) किताबों की दुकानों में भी अच्छी किताबें मिलना उन दिनों सम्भव था, क्योंकि पश्चिम में और विशेषकर अमेरिका में नयी पीढ़ी में बहुत वैचारिक उथल-पुथल थी। यह 'बीट जेनरेशन' के दिन थे और इस पीढ़ी

के लोग दुनिया भर में घूमा करते थे। जो किताबें ये पढ़ते होते, वह पढ़ने के बाद पुरानी किताब की दुकानों को बेच देते थे। यहाँ से वे कोई दूसरी किताब ख़रीद लेते। इस पीढ़ी की वजह से सारी दुनिया में इतिहास में बेमिसाल वैचारिक आन्दोलन आया। इनके द्वारा उठी माँग की वजह से बहुत-सी ऐसी पुस्तकें छपने में आ गयीं जो सैकड़ों वर्षों से नहीं छपी थीं। बहुत से ऐसे विचारक जिनको मुख्य धारा में न होने के कारण पहले दरकिनार कर दिया गया था, उन पर फिर ध्यान दिया जाने लगा। लोग उनके ऊपर लिखने लगे, उनकी किताबें पुनः प्रकाशित होने लगीं। अन्य भाषाओं में लिखी गयी बहुत सारी पुस्तकों के अँग्रेज़ी में अनुवाद होने लगे। अचानक विद्यासागर शिवप्रसाद नायपॉल के बारे में सुनने को मिला। उनकी किताब 'एन एरिया ऑफ़ डार्कनेस' पर लोगों ने बहुत सारे आरोप लगाये। डॉ. रघुवंश ने उस किताब की आलोचना करते हुए 'कल्पना' में एक लेख लिखा।

आप 'कल्पना' के सम्पादन के अपने अनुभव के विषय में कुछ कहिये। मुझे जहाँ तक पता है 'कल्पना' में जाने से पहले तक आपने कभी कोई सम्पादन कार्य नहीं किया था।

'कल्पना' के सम्पादकीय विभाग में जाने के पहले तक मुझे सम्पादन के विषय में कुछ भी नहीं पता था। मैं जब वहाँ गया, मुझे श्री बदरीविशाल पित्ती ने एक-एक चीज़ सिखायी। या यह कह सकते हैं कि उनसे मैंने एक-एक चीज़ सीखी। बदरीविशाल जी ने ही बतलाया कि हिन्दी की वर्तनी कैसी और क्यों होनी चाहिए। 'कॉपी एडिटिंग' का काम सबसे पहले मैंने उन्हीं से सीखा। मैंने जब अपने गाँव जाने के लिए उनसे एक महीने की छुट्टी माँगी तो उन्होंने मुझसे कहा कि आप जाइए और उत्तर भारत के साहित्यिकों से मिल कर आइए। मैं इलाहाबाद गया, वाराणसी गया, लखनऊ और दिल्ली गया, भोपाल गया। इन तमाम जगहों पर 'कल्पना' के लेखकों से मिलना हुआ। यह बात १९५९-६० की है।

क्या इस दौरे में आपने 'कल्पना' के लिए कुछ नये लेखकों की भी पहचान की। या आप ज़्यादातर उन्हीं लेखकों से मिले जो पहले से ही 'कल्पना' में लिखा करते थे?

ज़्यादातर तो उन्हीं लेखकों से मिला जो या तो 'कल्पना' में लिख रहे थे या उसके लिए सामग्री भेजा करते थे। लेकिन मैं उन लोगों से भी मिला जो दूसरी पत्रिकाओं में लिखते थे और मुझे लगता था कि वे अच्छा लिखते हैं और उनसे 'कल्पना' में लिखवाना चाहिए। कुछ लोगों से मैंने पुस्तक समीक्षा लिखने का आग्रह किया, कुछ से कविताएँ माँगी। 'कल्पना' में यह नियम था कि सारी सामग्री चार-पाँच सम्पादकों को भेजी जाती थी। सभी लोग उस पर अपनी राय लिखते थे। या तो वे यह कहते थे कि यह सामग्री स्वीकृत की जाय या यह कि यह सामग्री स्तरीय नहीं है, इसे स्वीकृत न किया जाय या कोई अन्य टिप्पणी देते थे। अन्तिम रूप से वह सामग्री प्रधान सम्पादक, जो उन दिनों डॉ. आर्येन्द्र शर्मा थे, के पास जाती थी। जब सामग्री उनके पास से वापस आती थी तब बदरीविशाल जी की अध्यक्षता में हम लोग मिल कर यह तय करते थे कि कौन-सी सामग्री किस अंक में जानी चाहिए। जिन सम्पादकों के पास सामग्री जाती थी उनमें मुनीन्द्र जी थे जो मूलतः प्रेस का काम देखते थे, जगदीश मित्तल जी थे, जो कला संग्राहक थे और कला पर लिखा करते थे। वहाँ राजा दूबे भी थे जो बीच में सागर वापस चले गये थे फिर हैदराबाद के एक कॉलेज में हिन्दी अध्यापक हो कर लौट आये थे।

> क्या आप लोगों को वहाँ इतना वेतन मिलता था कि ठीक से गुज़ारा हो सके?

रघुवीर सहाय जी की एक कविता पंक्ति दिल्ली के उनके मित्रों के बीच बहुत मशहूर थी—'कभी-कभी ऐसा हुआ है/कि पास में पैसा हुआ है।' पैसा वेतन मिलनेवाले दिन ही हुआ करता था और वह देखते-देखते ख़र्च हो जाता था। इसके बाद मुनीम जी से उधारी/पेशगी माँगने के दिन आ जाते थे। पहले मैंने आपको बताया है कि किस तरह 'कनइल' के सुकुल लोग दो जून भोजन और धोती-गमछे पर ही मगन रहते थे और कोई अभाव महसूस नहीं करते थे। पैसा पास में न होने पर भी मुझे कभी ऐसा नहीं लगा कि कोई कमी है। मेरा ऐसा अनुमान है कि मैंने शायद ही जीवन में कभी मात्र पैसे के लिए कोई कार्य किया हो। उस समय भी जो भी मिलता था उससे काम चल जाता था, नहीं तो पिताजी को चिट्ठी लिख कर कुछ पैसे मँगवा लिया करता था। सम्भवतः पिताजी के होने या

अपने पीछे खेती होने का एक बहुत सम्बल दिमाग़ में रहता रहा होगा जिसके कारण कभी असुरक्षा की भावना मन में उत्पन्न नहीं होती थी। या सम्भवतः मेरा मन ही ऐसा बन गया था कि कभी असुरक्षा का भाव उसमें नहीं आया इसलिए जितने दिन हैदराबाद में रहने की इच्छा हुई, वहाँ रहे और उसके बाद वहाँ से चले आये।

वहाँ से चल कर आप दिल्ली आ गये?

नहीं, वहाँ से मैं गोरखपुर आया और गोरखपुर में कुछ दिन रह कर मैं लखनऊ चला गया। वहाँ सर्वेश्वर दयाल सक्सेना दिल्ली से तबादला लेकर पहुँच गये थे। लखनऊ में मैं तरह-तरह के काम करता था। कुछ दिन इच्छा हुई कि विश्वविद्यालय में जा कर पढ़ूँ। लखनऊ विश्वविद्यालय में दाखिला ले लिया लेकिन वहाँ केवल पाँच-छह महीने गया। सर्वेश्वर जी आकाशवाणी में थे। वे मुझसे रेडियो के लिए तरह-तरह की चीज़ें लिखवाते रहते थे। सूचना विभाग की जो पत्रिका वहाँ निकलती थी, मैं उसके लिए भी लिखा करता था। फिर किसी ने बच्चों की पत्रिका निकालने की सोची, मैंने उसकी जिम्मेदारी संभाल ली। उसके लिए चित्र बनवाना, सामग्री तैयार करना, सम्पादित करना आदि सब करने लगा। उस पत्रिका का नाम 'गिलहरी' था। उसके दो-तीन अंक निकले। उसी दौरान दिल्ली से 'दिनमान' निकलने की बात होने लगी। यह १९६२-६३ की बात है। वात्स्यायन जी उसके सम्पादक बननेवाले थे। विद्यानिवास मिश्र ने मुझसे कहा, 'जाओ वात्स्यायन जी से मिलो और 'दिनमान' के लिए कुछ काम करो।' इस तरह मैं लखनऊ से दिल्ली आया, वात्स्यायन जी से मिला।

फिर आप 'दिनमान' के सन्दर्भ में एक बार फिर अज्ञेय जी से मिलने गये?

हाँ, उन्होंने मुझसे बातचीत की फिर रमेशचन्द्र जैन के पास साक्षात्कार के लिए भेजा। उन दिनों रमेशचन्द्र जैन टाइम्स ऑफ़ इण्डिया के जनरल मैनेजर थे और दिनमान का काम देखनेवाले थे। तभी वात्स्यायन जी के पास कैलिफोर्निया विश्वविद्यालय से प्रोफ़ेसरशिप का प्रस्ताव आ गया। वे बर्कले, कैलिफोर्निया चले गये और 'दिनमान' का प्रकाशन एक वर्ष

के लिए स्थगित हो गया। उन दिनों हम लोग शाम को कॉफी हाऊस और टी हाऊस जाया करते थे।

हम लोग यानी कौन लोग?

दिल्ली में धीरे-धीरे एक मित्रमण्डली बन गयी थी। सबसे पहले सम्भवत: श्रीकान्त वर्मा जी ने कॉफी हाऊस बुलाया था। वहाँ धीरे-धीरे अशोक सेक्सरिया, महेन्द्र भल्ला, रमेश गोस्वामी, प्रबोध कुमार, अशोक वाजपेयी आदि की मण्डली बन गयी। एक बार कॉफी हाऊस में राममनोहर लोहिया जी भी कुछ लोगों के साथ बैठे हुए थे फिर मैं उनके पास भी जा कर बैठा। उन्होंने हाल-चाल पूछा, कुछ पत्रकार लोग भी वहाँ बैठते थे। बहुत-से ऐसे लोग थे जो सम्भवत: नौकरी पेशा न रहे हों लेकिन अपनी बौद्धिक दिलचस्पियों के कारण वहाँ नोंक-झोंक करने के लिए आ जाते थे। इस तरह के कई लोगों से मेरी मित्रता हुई। हमारी मुख्य मण्डली के लोग चार बजे के आस-पास कॉफी हाऊस में एकत्र होते फिर शाम होने पर टी हाऊस में चले जाते। वहाँ कुछ और लोग आये होते, उनसे बात-चीत होती। रात आठ बजे के क़रीब हमलोग वहाँ से उठते और कनॉट प्लेस के गलियारों में बिछा कर पुस्तकें बेच रहे होते लोगों के माल पर नज़र डालते हुए, कभी-कभी कोई किताब उठा कर देखते हुए, कभी कोई पत्रिका ख़रीदते हुए हम लोग आगे बढ़ते जाते और शालीमार रेस्तराँ पहुँच जाते। वहाँ से कुछ लोग धीरे-धीरे अपने घर चले जाते और शेष लोग भोजन करने के लिए बैठ जाते। इस तरह कभी दोपहर चार बजे से लेकर रात के दस-ग्यारह बजे तक कनॉट प्लेस में घूमते बीतता। तब कनॉट प्लेस में भीड़ कम होती थी। किताबों के दुकानों की संख्या आज की अपेक्षा ज़्यादा थी। मैं उन दिनों मॉडल टाऊन में रुका हुआ था। वहाँ दिल्ली विश्वविद्यालय के हिन्दी अध्यापकों की एक अलग मण्डली थी। मैं सुबह ही तैयार हो कर ब्रिटिश काउंसिल लायब्रेरी या अमेरिकन सेंटर चला जाता था। वहाँ मैं पत्रिकाएँ और पुस्तकें पढ़ा करता था। फिर वहाँ से कभी पुस्तक दुकानों का चक्कर लगाते हुए कॉफी हाऊस पहुँच जाती थी।

क्या इस समय तक 'कृति' निकल कर बन्द हो चुकी थी?

उस समय तक 'कृति' बन्द हो चुकी थी, लेकिन मेरे दिल्ली जाने के बाद श्रीकान्त वर्मा ने उसका एक और अंक निकाला था। एक और अंक निकलने की प्रतीक्षा थी लेकिन वह निकला नहीं।

क्या तब तक आपका श्रीकान्त वर्मा के साथ उठना-बैठना था?

हाँ! श्रीकान्त जी ही मुझे कॉफी हाऊस ले गये थे। उन्होंने ही अशोक सेक्सरिया से भी मिलवाया था। कभी-कभी वे शाम को इस मित्रमण्डली में आ कर बैठते थे। इस मित्रमण्डली में ही कभी-कभी निर्मल वर्मा भी आते थे।

आपकी उन दोनों लेखकों की उन दिनों की कैसी स्मृतियाँ हैं, जहाँ तक मुझे लगता है ये दोनों तब तक महत्त्वपूर्ण लेखकों की तरह स्थापित हो चुके होंगे?

हाँ, उन दिनों श्रीकान्त और निर्मल जी महत्त्वपूर्ण लेखकों में गिने जाते थे। श्रीकान्त जी उन दिनों नॉर्थ एवेन्यू में बिलासपुर की संसद सदस्या मिनीमाता अगमदास गुरु के पास रहते थे। वे 'दिनमान' के शुरू होने की प्रतीक्षा कर रहे थे जिसमें उनकी नियुक्ति निश्चित हो चुकी थी। सर्वेश्वर जी भी 'दिनमान' में काम करनेवाले थे। रघुवीर सहाय पहले से ही 'नवभारत टाइम्स' में काम कर रहे थे और बाद में वे भी 'दिनमान' में आये।

इन दिनों क्या आप लगातार या रुक-रुक कर कविताएँ लिख रहे थे?

हाँ! मैं प्राय: लगातार ही कविताएँ लिखा करता था। पर मुझे कई और कार्य करने पड़ते थे जिस तरह के कार्यों को 'फ्रीलांसिंग' कहा जाता है। उदाहरण के लिए मैंने राधाकृष्ण प्रकाशन और राजपाल एंड संस के लिए कुछ अनुवाद कार्य किया। हमारे गोरखपुर के एक मित्र भगवान सिंह उन्हीं दिनों दिल्ली आ गये थे। वे राजपाल एंड संस के लिए बच्चों के विश्वकोश का अँग्रेज़ी से हिन्दी में अनुवाद कर रहे थे। मुझे उन दिनों

ज़्यादातर अनुवाद कार्य ही करना पड़ता था। लालच में काम ज़्यादा ले लिया करता था, कर कम ही पाता था। थोड़ा काम आकाशवाणी और नये शुरू हुए दूरदर्शन से भी मिल जाता था।

> क्या इस दौरान आपका कोई सार्वजनिक काव्यपाठ हुआ था जिसमें गम्भीर क़िस्म के श्रोता रहे हों और उसकी कोई विशेष प्रतिक्रिया रही हो?

नहीं, सार्वजनिक काव्यपाठ का अवसर कभी-कभी ही आता था, जैसे एक बार मैक्समूलर भवन में। गोरखपुर में एक बार बड़े कवि सम्मेलन में भी मंच पर बैठे थे। ज़्यादातर हम लोग आपस में कविताएँ एक-दूसरे को सुनाते थे। कभी-कभी हम कविता लिख कर जेब में रखे होते थे, अशोक सेकसरिया या ऐसा ही कोई मित्र मिल जाता तो वह पूछता तो उसे सुनाते। कभी-कभी निर्मल वर्मा पूछ लेते कि क्या कोई कविता लिखी है तो उन्हें भी सड़क पर खड़े-खड़े सुना देते। हम लोग श्रीकान्त जी से, निर्मल जी से या रामकुमार जी से मिलने कभी अकेले, कभी दो-तीन लोग उनके घर भी जाया करते थे।

> आप कविता लिखना शुरू किस तरह करते हैं? उन दिनों कैसे करते थे और आजकल किस तरह करते हैं। क्या इस बीच आपके लिखने के ढंग में कोई फ़र्क़ आया है या वह वही का वही है?

पहले कुछ भी विधिसम्मत नहीं था। अचानक कोई पंक्ति मन में गूँजने लगती थी और धीरे-धीरे शब्द उसी के चारों ओर एकत्र होने लगते थे, पंक्तियाँ बनती जाती थीं। कभी-कभी कोई गूँजी हुई ध्वनि यदि शब्दबद्ध नहीं हुई तो हमेशा के लिए लुप्त भी हो जाती थी। कभी वे इतनी ही बन पाती थीं कि लगता था कि अधूरी हैं। उस समय उन्हें यदि किसी कॉपी में उतार लिया होता था तो बाद में उस पर काम करता था। अगर लगता था कि कोई कविता बन पड़ी है तो उस पर काफ़ी दिनों तक काम करता था, मेरे मन में यह दृढ़ धारणा थी कि कविता में कोई केन्द्र होता है जो पहले कविता में प्रयुक्त हो रहे सारे शब्दों में बिखरा होता है। कविता को पूरा करने की प्रक्रिया में इन शब्दों को और इनसे इतर किन्हीं शब्दों को

भी ला कर उनको इस तरह से अपने-अपने स्थान में बसाते हैं कि केन्द्र का ढाँचा ऐसा बन जाय कि केन्द्र में अधिकाधिक शक्ति/ऊर्जा आ जाय। मेरे लिए कविता को पूरा करने का अभिप्राय कुछ ऐसा ही होता है।

केवल बिलकुल शुरू के दिनों में ऐसा होता था कि कॉपी लेकर बैठते थे और अपने आप कविताएँ बनती थीं और लिखी जाती थीं। एक बार की टीप में ही कविता बन जाना बाद में कठिन होता गया। इसके अलावा यह भी होता रहा है कि कुछ समय तक एक तरह की कविताएँ लिखी जाती रही हैं। फिर उसी तरह की कविताएँ लिखते रहना बहुत आसान हो गया। लगता था कि उस तरह की कविताएँ लिखते ही जा सकते हैं। कुछ समय बाद फिर यह लगने लगा कि एक तरह की ही कविताएँ लिखते रहने का कोई अर्थ नहीं है। उसमें हम कोई नयी बात कहने का यत्न नहीं कर रहे हैं। जब यह दृढ़ भाव बन गया तो फिर लिखना बन्द कर दिया। कुछ दिनों बाद या कुछ महीनों बाद कोई दूसरी लय चेतना में बसने लगती, तो फिर हम उसे पकड़ने का प्रयत्न करने लगते थे। फिर कोई कविता काग़ज़ पर उतरती तो पता लगता कि अब दूसरे ढंग की कविताएँ लिखी जा रही हैं और कुछ नया कहा जा रहा है। इस तरह से कई बार अपने को रोकना भी पड़ता है कि कहीं पर्याप्त कथ्य के बिना ही एक ही तरह की कविताएँ लिखते न चले जाएँ।

क्या यह आपके साथ हमेशा से ही है, कि आप कविता के प्रारूप को लगातार बदलते रहते हैं?

बिल्कुल आरम्भिक दिनों में ज़रूर ऐसी कविताएँ लिखी गयीं या लिखी जाती रहीं जिन्हें लिखने के बाद बदलना नहीं पड़ता था। आरम्भ में शायद प्रेरणा अधिक तीव्र होती है और उसकी ऊष्मा में कविता अपने आप ऐसा रूप ग्रहण कर लेती है जो लगभग अन्तिम रूप होता है। लेकिन यह सुविधा अधिक दिनों तक नहीं रहती। धीरे-धीरे यह देखना ज़रूरी हो जाता है कि कविता में कुछ कहा गया है, उसमें कुछ बात बनी है या नहीं! तब उस पर और काम करना पड़ता है। ऐसा होने पर कविताओं को बार-बार जाँचना पड़ता है। एक ही कविता के कई प्रारूप बनते रहते हैं। कई बार प्रारूप को अलग रख देना पड़ता है, और फिर दो-चार महीने

बाद उस पर काम करना पड़ता है। शायद इस बार प्रारूप अन्तिम रूप ले ले, लेकिन यह आवश्यक नहीं है। एक प्रारूप बना कर रख देता हूँ। कभी-कभी अवसर नहीं मिलता, कुछ कविताएँ बरसों तक पड़ी रहती हैं। लेकिन नया प्रारूप बनाते समय दोबारा उसी मन:स्थिति में जाना पड़ता है, उस मन:स्थिति की कल्पना करनी पड़ती है, जिसमें वह कविता सबसे पहले लिखी गयी थी बल्कि कविता का पुनर्लेखन करते हुए पूर्व की मन:स्थिति स्वयमेव आ जाती है। कविता में कहने के लिए क्या है, इसका आकलन करते हुए उस बात को कहने की शब्द-नीति बनानी पड़ती है।

क्या आप अपनी कविता के सारे प्रारूप अपने पास रखे रहते हैं?

अगला प्रारूप बनने के बाद मैं पिछले प्रारूप नष्ट कर देता हूँ। बहुत-सी अधूरी कविताएँ साथ में पड़े होने पर भविष्य का भारीपन बढ़ जाता है। जब कविता का एक रूप बन गया तो फिर उसके पुराने रूप सिर्फ़ 'आरकिवल' महत्त्व के होते हैं। मैं कई कवियों के बारे में जानता हूँ जो अपनी कविताओं के सारे प्रारूप अच्छी जिल्द की कापियों में सुरक्षित रखते हैं। मुझे जीवन में ऐसा अवसर नहीं मिलता रहा कि मैं अपने लिखे को इस तरह सुरक्षित रख पाऊँ। बहुत बार स्थान, बहुत बार मकान बदलना पड़ता था और ऐसा करने में कभी-कभी लिखी गयी सामग्री लुप्त हो जाती थी। इसलिए कम से कम अन्तिम प्रारूप सुरक्षित रहे, यह ही मेरे लिए बड़ी समस्या रही।

मैं यह जानने की कोशिश कर रहा हूँ कि मान लीजिए कि आपने कविता का एक नया प्रारूप तैयार किया और कुछ दिनों बाद आपको लगा कि पिछला प्रारूप ही बेहतर था तब आप क्या करेंगे?

अगर हम सोचें तो लगता है कि हम लोग ऐसी ग़रीबी में रहते थे (हालाँकि वह महसूस नहीं होती थी) कि इतनी कॉपियाँ या काग़ज़ इकट्ठा करके तरतीब से रखना भी समस्या होती थी। कुछ इसलिए भी कि कई कामों में लगे रहना पड़ता था। कभी दिल्ली आते तो फिर कहीं और चले जाते।

जल्दी में बोरिया बिस्तर बाँधने में कुछ तरतीब बिगड़ जाती कुछ काग़ज़ छूट जाते। दिल्ली में रहते हुए बार-बार घर बदलना पड़ा, उसमें तमाम चीज़ें ग़ायब होती चली गयीं। मेरे पास अपनी लिखी चीज़ों का कोई संग्रह नहीं है। वे पत्र-पत्रिकाओं में छपी हुई पड़ी होंगी पर मेरे पास सुरक्षित नहीं रह पायीं। कोई भी चीज़ लिखी जाने के बाद जब एक बार छप जाती थी तो वह हमारे पास नहीं रह पाती थी। जो चीज़ नहीं छपी है, उसकी पाण्डुलिपि कुछ समय तक सहेजी रह जाती थी, उस पर हम कभी-कभी काम किया करते थे। हमने कई बार कोशिश की उन सभी चीज़ों को किसी नोटबुक में अच्छे सुलेख में उतारा जाय। लेकिन यह सब चाहते हुए भी हमसे हुआ नहीं। सम्भवत: मैं बहुत से कार्यों में लगा रहता था और एक कार्य पर ही ध्यान हमेशा के लिए एकाग्र नहीं हो पाता था। सबसे प्रमुख तो पढ़ते रहने का कार्य था। जैसे ही कुछ महत्त्वपूर्ण पढ़ने लायक सामग्री मिली तो लिखने का काम अलग पड़ गया। उसके चलते व्यवस्थित ढंग से लिख कर सहेजने की नौबत नहीं आती थी। जब पिछला प्रारूप नष्ट कर दिया गया तो फिर उसके अच्छा होने या न होने पर सोचने की आवश्यकता नहीं हुई।

> क्या कभी आपको पढ़ते हुए ऐसा अनुभव हुआ कि अब तो मुझे तुरन्त लिखना पड़ेगा, इसके बग़ैर काम नहीं चल पाएगा। मैं पहले लिखूँगा फिर कुछ और करूँगा।

एक ज़माने में मैं फ़िल्में बहुत देखा करता था। फ़िल्में देखने की शुरुआत लखनऊ के बोटेनिकल गार्डन में बने फ़िल्म क्लब से शुरू हुई। लखनऊ बोटेनिकल गार्डन के निर्देशक डॉ. कौल थे, वे प्रधानमन्त्री जवाहरलाल नेहरू के सम्बन्धी थे। उनका बेटा गौतम कौल फ़िल्मों में बहुत रुचि लेता था, बाद में वह पुलिस सेवा में चला गया। लेकिन साथ ही फ़िल्म आलोचक भी बना। उसके एक मित्र थे श्रीवास्तव। लखनऊ में १९६० के दशक में 'स्टेट्समैन' के प्रतिनिधि थे सी.एस. पण्डित। ये लोग देश-विदेश की कला फ़िल्मों को देखने में रुचि रखते थे। तब ऐसी टेस्नोलॉजी नहीं थी कि ये फ़िल्में सी.डी. या डी.वी.डी. पर उपलब्ध हो जाएँ। उस ज़माने में भारत में फ़िल्म क्लब आन्दोलन ही ऐसी फ़िल्मों की प्रतियाँ उपलब्ध करा सकता था। इन उत्साही लोगों ने मिल कर लखनऊ में एक

फ़िल्म क्लब बनाया, उसमें काफ़ी अच्छी फ़िल्में देखने को मिलीं। उदाहरण के लिए एक पोलिश फ़िल्म फेस्टिवल हुआ था, जिसमें आन्द्रे वायदा, रोमन पोलांसकी आदि निर्देशकों की फ़िल्में देखने को मिलीं। बहुत-सी इतालवी नवयथार्थवादी फ़िल्में, कभी-कभी फ्रांसीसी नयी धारा की फ़िल्में देखने को मिलीं। बाद में जब मैं दिल्ली आया तो दिल्ली फ़िल्म क्लब का पता चला। इसका ऑफ़िस तो कनॉट प्लेस में था लेकिन तब तक मण्डी हाऊस के मार्गों पर नाट्यशालाएँ नहीं निर्मित हुई थीं। उस समय क्लब की फ़िल्में महीने में एक बार इन्द्रप्रस्थ एस्टेट के आज़ाद ऑडिटोरियम में दिखायी जाती थीं। मैं फ़िल्में देखने वहाँ भी जाने लगा। एक बार मैं वहाँ एलां रेने निदेशित और मार्गेरिथ डूराज लिखित 'हिरोशिमा मॉएमू' देख रहा था, उस समय मेरे मन में अचानक भाव उमड़ने लगे। मेरी एक कविता उस फ़िल्म को देखने के बाद उसी रात की लिखी हुई है। यह कविता 'जरत्कारु' संग्रह में है। वह फ़िल्म आणविक युद्ध के परिणामों से सम्बन्धित थी।

क्या आपको वह कविता लिखने के लिए फ़िल्म के बीच से उठना पड़ा था?

नहीं, मैं फ़िल्म पूरी देख कर उठा, बस पकड़ी और तेज़ी से घर पहुँचा। खा-पी कर निश्चिन्त होने के बाद वह कविता लिखने बैठा। कविता उसी समय तो पूरी नहीं हुई, लेकिन अगले दिन जा कर पूरी हो गयी। एकाध बार किसी यूरोपीय उपन्यास को पढ़ने पर उसमें वर्णित स्थितियों से कुछ कविता-पंक्तियाँ दिमाग़ में आने लगती हैं। ऐसा कुछ चित्रों को भी देख कर होता है, और मित्रों की रचनाएँ पढ़ कर भी प्रेरणा मिलती है। लेकिन लगभग बीसियों वर्षों से चिन्तन में आये विषयों पर मनन ही कविता लिखने का प्रधान स्रोत है।

और उपन्यास पढ़ते-पढ़ते आपके दिमाग़ में उसकी पंक्तियों की जगह अपनी पंक्तियाँ आने लगती हैं, उपन्यास बीच में ही छूट जाता है और आप अपनी पंक्तियों पर आगे बढ़ने लगते हैं मानो ट्रेन ने पटरी बदल ली हो?

हाँ। कभी–कभी दार्शनिकों को पढ़ते हुए भी ऐसा कुछ होता रहा है, विशेषकर नीत्शे को पढ़ते हुए। कभी–कभी हाईडेगर को पढ़ते हुए। उनकी किताबों में जिस तरह के निर्वचन मिलते थे वे बार–बार पढ़े जाने की माँग करते थे। उनको हृदयंगम करते हुए मन में एक तरह की दीप्ति उठती थी जो कुछ लिखने में लगने की ओर प्रवृत्त करती थी।

> हम अभी ६० के दशक की बात कर रहे थे जिसमें आपका राम–मनोहर लोहिया से गहरा सम्बन्ध बना। उन दिनों क्या लोहिया ही वह व्यक्ति थे जिनका आपके जीवन पर सबसे गहरा प्रभाव पड़ा या कुछ अन्य लोग भी ऐसे थे?

जब मैं गोरखपुर में था, तब से ही मैंने 'टाइम्स ऑफ़ इण्डिया' पढ़ना शुरू किया था। गोरखपुर में 'टाइम्स ऑफ़ इण्डिया' थोड़ा देर से पहुँचता था। लेकिन 'टाइम्स ऑफ़ इण्डिया' सिर्फ़ इसलिए पढ़ता था कि उसमें श्री शामलाल जी, 'अदीब' के नाम से हर हफ़्ते एक स्तम्भ लिखा करते थे। इस स्तम्भ में उन दिनों विश्व में प्रकाशित किसी विचारशील पुस्तक की चर्चा हुआ करती थी। पुस्तक के बारे में एक–दो पैराग्राफ कहने के बाद शामलाल जी अपनी बहुत–सी बातें लिखते थे। मैंने उस स्तम्भ के बारे में पहली बार तब सुना था जब उन्होंने उसमें 'मैला आँचल' की समीक्षा की थी। उन्होंने कई ऐसी पुस्तकों की समीक्षा की, जिनके लेखकों के प्रति मैं आकृष्ट हुआ। जैसे उन्होंने उस स्तम्भ में सीमोन वील की 'ऑप्रेशन एण्ड लिबर्टी' की एक समीक्षा लिखी थी। उसे पढ़ने के बाद मैंने सीमोन वील की किताबें ढूँढ़ना शुरू किया। तब उनकी किताबें न बाज़ार में मिलती थीं और न पुस्तकालयों में थीं। बहुत दिनों बाद एक मित्र ने आगरा विश्वविद्यालय के पुस्तकालय में 'द नीड फॉर रूट्स' ढूँढ़ निकाली। दिल्ली विश्वविद्यालय के पुस्तकालय में सीमोन वील की डायरियों के अनुवाद के तीन खण्ड पड़े हुए थे। बाद में एक पुस्तकालय में 'आप्रेशन एंड लिबर्टी' भी मिल गयी। फॉण्टाना सीरीज में एक धार्मिक पुस्तकों की शृंखला प्रकाशित हुई थी जिसमें कैथोलिक विचारकों की पुस्तकें छपती थीं, उन्होंने सिमोन वील का 'लेटर टू ए प्रीस्ट' छापा था। कभी 'ग्रेविटी एंड ग्रेस' किसी पुस्तक दुकान में मिल गयी, उसी के आसपास दिल्ली आने पर शामलाल जी से भी मुलाकात हुई। हम लोग कभी–

कभी शामलाल जी के यहाँ जाते थे। वहाँ निर्मल वर्मा और श्रीकान्त वर्मा का पहले से आना-जाना था। मैं भी पहली बार श्रीकान्त वर्मा के साथ ही उनसे मिलने गया था। उनके यहाँ ज़्यादातर पुस्तकों पर ही बातचीत होती थी।

जब मैं लोहिया जी के साथ रहने लगा तो उन्होंने एक बार शामलाल जी और उनकी पत्नी को दोपहर के भोजन के लिए निमन्त्रित किया। वहाँ सायंकाल तक बातचीत होती रही। शामलाल जी की पत्नी ने लोहिया जी से कुछ बातें पूछीं। उन दिनों ऑक्टावियो पाज़ मैक्सिको के राजदूत हो कर दिल्ली आ गये थे। उनके यहाँ भी लोग एकत्रित होते थे। उन लोगों में चित्रकार जगदीश स्वामीनाथन, किशन खन्ना, निर्मल वर्मा, राम कुमार आदि होते थे। कनॉट प्लेस के कॉफी हाऊस में आनेवाले लोगों में ये चित्रकार भी थे। जगदीश स्वामीनाथन दिन में भी कॉफी हाऊस में होते थे, उनके साथ ज़्यादातर अम्बादास, हिम्मतशाह, राजेश मेहरा आदि चित्रकार होते थे। उनका ज़्यादातर समय उसी इलाक़े में बीतता था। वे लोहिया जी के पुराने परिचित थे। मैं लोहिया जी के साथ कभी-कभी कॉफी हाऊस जाता था। कॉफी हाऊस में उनकी मेज़ पर पत्रकार, लेखक, चित्रकार, राजनीतिक कार्यकर्ता, सभी तरह के लोग वहाँ इकट्ठा होते थे, वहाँ स्वामी भी आते थे। स्वामी लोहिया जी के घर भी आते थे। इस तरह मेरा चित्रकारों से परिचय का दायरा बढ़ता गया।

> लोहिया जी और आपके बीच किस क़िस्म की बातचीत होती थी?

उनसे बातचीत शुरू करने का साहस मैं कम ही बटोर पाता था। वे ही छेड़ते और फिर बहुत तरह की बातें करते थे। लोहिया जी ने भी बहुत-सी बातें मुझे सिखायीं। मैं उनके निजी सचिव के रूप में भी कार्य करता था। उन्होंने पहले मुझे सिखाया कि लोकसभा का काम कैसे होता है, लोकसभा में प्रश्न कैसे बना कर भेजे जाते हैं, लोकसभा में कार्यस्थगन प्रस्ताव कैसे भेजा जाता है, विभिन्न विषयों पर बहस कराने के लिए कैसे प्रस्ताव भेजा जाता है। लोहिया जी को इस सबके लिए संकेत ही देना पड़ता था। फिर लोहिया जी ने यह सारा कार्य मुझ पर छोड़ दिया। रोज़

प्रातः काल समाचारपत्र पढ़ने के बाद ध्यानाकर्षण प्रस्ताव का विषय चुन कर हम लोग प्रातः काल में ही लोकसभा के बक्से में ध्यानाकर्षण प्रस्ताव डाल आते थे ताकि लोकसभा कार्यवाही शुरू होने पर उन विषयों को उठाया जा सके। संसदीय क्षेत्र के बहुत से लोग और दूसरे लोग भी बहुत-सी शिकायतें भेजते थे तो उस सन्दर्भ में विभिन्न मन्त्रियों को पत्र लिखना होता था ताकि उन समस्याओं पर कुछ कार्रवाई हो सके। कई बार लोहिया जी उनमें से कुछ पत्रों को लेकर हमें मन्त्रियों से बातचीत करने के लिए भी भेजते थे।

लोहिया जी से बहुत सारी बातचीत उस समय ही होती थी जब कोई राजनेता उनसे मिलने आता था, कोई समाजवादी नेता उनसे किसी समस्या पर राय लेता था, कोई विदेशी व्यक्ति या राजदूत उनसे मिलने आता था। या वे कभी किसी लेखक को भोजन इत्यादि पर बुलाते थे। उनसे मिलने बहुत से पत्रकार भी आया करते थे। उन पत्रकारों में एक लालकृष्ण आडवानी भी थे। मैं यह तिरसठ-चौंसठ की बात बता रहा हूँ। उन दिनों आडवानी जी 'आर्गनाइजर' के संवाददाता थे और एक स्कूटर पर चलते थे। इन सबके साथ डॉ. साहब जिज्ञासु रूप में बातचीत शुरू किया करते थे। और फिर उत्तर मिलने पर वे उन विषयों के ऐसे आयामों की चर्चा करते, जिन पर प्रायः दृष्टि नहीं जाती। भारत की नदियों, पर्वतमालाओं, वनों, भूखण्डों का वैविध्य, बोलियों, रहन-सहन के तरीकों में भारतीय परम्परा का अखण्ड प्रवाह किस प्रकार अक्षुण्ण है इसके उदाहरण अरुणाचल से लेकर काठियावाड़ तक और गंगा-यमुना से लेकर कृष्णा-कावेरी तक के क्षेत्रों से एकत्र हो कर उनके अत्यन्त सावधान दिमाग़ में पड़े रहते थे। वे भारत के विभिन्न क्षेत्रों में विविध प्रकार की राजनीति के विकास से लेकर जातीय, साम्प्रदायिक और प्रादेशिक हितों को उभार रही राजनीति पर लोगों के साथ लम्बी बातचीत किया करते थे।

क्या लोहिया जी ख़ुद भी पुस्तकें पढ़ने में बहुत रुचि लिया करते थे?

लोहिया जी की बहुत से ऐसे लोगों से मित्रता थी, जो पुस्तक प्रेमी थे, वे उनसे उनकी पढ़ी पुस्तकों के बारे में बातें करते थे। फिर उन्हें कुछ पढ़ने

लायक लगा तो वे पुस्तकें मँगवा कर ख़ुद पढ़ते भी थे। लेकिन पुस्तकें पढ़ने से भी अधिक वे देश को लगातार पढ़ते हुए लगते थे। उनके मन में देश के प्रति प्रेम बहुत था। उन्होंने देश की हर सीमा पर जा कर वहाँ की मिट्टी छूने का प्रयत्न किया था। चाहे कश्मीर हो, चाहे गढ़वाल वाली सीमा हो, चाहे अरुणाचल प्रदेश की सीमा हो जिसको वह 'उर्वसीअं' कहा करते थे। (उन दिनों अरुणाचल प्रदेश नाम नहीं था, उसे नेफा कहा जाता था और चूंकि लोहिया जी को 'नेफा' शब्द से बहुत घृणा थी इसलिए वह उस अंचल को 'उर्वसीअं' कहते थे।) वे कन्याकुमारी भी जाते थे, गुजरात भी, कच्छ भी। वे सब जगह जाते थे और वहाँ की भूमि छू कर आते थे, वहाँ के लोगों से बातचीत करके आते थे। उनमें जिज्ञासा भी बड़ी प्रबल थी। वे हर जगह छोटे से छोटे आदमी से बात करके उसमें से कुछ निकालते थे। जो भी चीज़ देखते थे उसके बारे में सोचते थे और जिज्ञासा रखते थे। यह गहन अध्ययन भी एक तरह का पढ़ना ही था।

क्या आप भी उनके साथ कई ऐसे दौरों पर गये थे?

मैं ज़्यादातर दिल्ली में ही रहता था। लेकिन जब वे दौरों पर से लौट कर आते थे तो उनके पास बहुत से काग़ज़ होते थे जो उन्हें दौरे पर मिले होते थे। इन काग़ज़ों में वहाँ की जनता का दुख-दर्द भी होता था। उनकी शिकायतें भी होती थीं और उस क्षेत्र की विशेषताओं पर प्रकाश डालनेवाले दस्तावेज़ भी हुआ करते थे। वे उन विषयों पर हम लोगों से बातचीत किया करते थे। किन बातों पर हम क्या करें, मसलन उन विषयों पर लोकसभा के लिए प्रश्न बनाना, सम्बन्धित मन्त्री को पत्र लिखना, अख़बारों में उनके बारे में लिखना आदि के बारे में निर्देश देते थे। बाद में जब 'जन' और 'मैनकाइंड' निकलने लगे तो इनमें से कुछ सामग्री दस्तावेज़ के रूप में छपने लगी।

लोहिया का किस क़िस्म का मानस था? क्या वे अत्यन्त तीक्ष्ण बुद्धि थे?

हाँ, वे बेहद तीक्ष्ण बुद्धि थे, तत्त्व को बहुत जल्दी पकड़ते थे। किसी भी कथन या कार्य के सम्भावित निहितार्थों को बड़ी गहराई से पकड़ते और

समझ लेते थे। इसीलिए वे लोकसभा में दूसरे दलों के राजनेताओं को यह बताने में समर्थ होते थे कि सरकार जो कर रही है या जो घटनाएँ घट रही हैं उनका क्या परिणाम होनेवाला है?

> क्या लोहिया जी अधीर थे? मैं यह इसलिए पूछ रहा हूँ क्योंकि वे जिन लोगों के बीच रहते थे उनमें से अधिकतर तो तीक्ष्ण बुद्धि नहीं थे, आप उनमें निश्चय ही अपवाद हैं। इसलिए मैं पूछ रहा हूँ कि क्या वे इन सहयोगियों के बीच कई बार अधीर हो उठते थे।

मैं तो एक साधारण कार्यकर्ता था। सोशलिस्ट पार्टी में बहुत-से मेधावी और बुद्धिमान लोग थे। लेकिन आपकी बात सही है कि अधिकतर लोग ऐसे होते थे कि लोहिया जी कई बार हताशा में हाथ उठा देते थे। कई बार कहते थे कि मैंने ऐसा क्या अपराध किया है कि मुझे हमेशा बेवक़ूफ़ और निठल्ले लोग ही मिलते हैं। लेकिन जो लोग उन्हें मिले हुए थे, उन्हें उन्हीं से काम चलाना पड़ता था। वे ज़्यादातर बोल कर लिखवाते थे, धीरे-धीरे उनकी यह आदत हो गयी थी। जैसे डॉ. रघुवंश 'क ख ग' नाम की एक पत्रिका निकाल रहे थे, उन्होंने लोहिया जी से आग्रह किया कि इसके लिए हिन्दी में कुछ लिख कर दीजिए। तब उन्होंने मुझे बोल कर हिन्दी की समस्या पर एक लेख लिखवाया। उन्होंने बहुत सारी चीज़ें हिन्दी में बोल कर लिखाई थीं। बोलने में भी उनका गद्य सुचिन्तित और दीर्घ युक्ति सम्मत और सुस्पष्ट होता था।

> आप लोहिया जी के साथ रहा करते थे। लोहिया जी की मृत्यु १९६७ में हुई थी, उसके बाद दिल्ली में आपका क्या ठिकाना था?

मैं १९६७ से ही अपने मित्र संसद सदस्य किशन पटनायक जी के साथ रहने लगा था। उनको बतौर संसद सदस्य एक फ्लैट नार्थ एवेन्यू में मिला हुआ था। मैं और अशोक सेक्सरिया मिल कर एक साप्ताहिक पत्र 'समवाय' निकालने लग गये थे। उसका काम मैं ही देखता था। उसमें अधिकतर राजनैतिक टिप्पणियाँ हुआ करती थीं पर साथ ही उसमें कला और साहित्य से सम्बन्धित सामग्री भी हुआ करती थी। इसके पन्नों में

कई विवाद भी चले थे। जैसे उसमें स्वामीनाथन जी ने समकालीन कला पर एक लेख लिखा था, बाद में श्री रामकुमार ने स्वामीनाथन के लेख में आये मन्तव्यों का जवाब दिया था। लोहिया जी की मृत्यु के बाद उनके मित्र बालकृष्ण गुप्त, उनके छोटे भाई विद्या सागर और समाजवादी कार्यकर्ता यमुना प्रसाद सिंह कलकत्ते से कोई पत्रिका निकालना चाहते थे। सम्भवत: विद्या सागर जी समवाय को देखते थे और चाहते थे कि वैसा पत्र कलकत्ता से निकाले। उसके लिए उन्होंने मुझे कलकत्ता बुलाया। उस पत्रिका के दो अंक निकल पाये थे लेकिन उसके आयोजक उसे निकालने का पूरा प्रबन्ध नहीं कर पाये। मैं कलकत्ता दो-तीन महीने और रुका रहा। फिर मुझे अपने पिता जी के देहावसान का तार मिला। उस दिन कलकत्ते में भीषण वर्षा हो रही थी। सड़कें दो-दो फुट पानी में डूबी हुई थीं। कोई सवारी नहीं मिल रही थी। मैं किसी तरह हावड़ा स्टेशन पहुँचा और वहाँ से जो भी ट्रेन गोरखपुर की दिशा में जा रही थी उसमें बैठ गया। कई जगह ट्रेनें बदलते हुए मैं गाँव पहुँचा। तब तक पिता जी का शव अन्तिम संस्कार के लिए बनारस ले जाया जा चुका था। मुझे वार्षिक श्राद्ध सम्पन्न होने तक तमाम व्रतों के पालन के लिए वर्ष भर गाँव में ही रहना पड़ा।

> उन दिनों हिन्दी के ऐसे कौन से लेखक थे जिन्हें आप ढूँढ़कर पढ़ने की इच्छा रखते थे, भले ही वे बाद में आपके प्रिय लेखक न रहे हों?

उन दिनों रेणु जी की जो भी नयी चीज़ें निकलती थी, उन्हें पढ़ने का उपक्रम करता था। लखनऊ में श्रीलाल शुक्ल से मित्रता हो गयी थी। उनका उपन्यास 'राग दरबारी' निकला तो गाँव में ही रहते हुए मैंने उसकी एक लम्बी समीक्षा लिखी जो 'दिनमान' में छपी। दिनमान के लिए और भी सामग्री लिखता था। निर्मल जी की कहानियाँ जब भी किसी पत्र-पत्रिका में निकलती थीं, उन्हें भी मैं खोज कर पढ़ता था। उन्हें पढ़ कर हम लोग चर्चा किया करते थे। दूसरे लोगों की भी कोई विचारोत्तेजक चीज़ दिखी तो उसे भी पढ़ते थे। मसलन, कमलेश्वर ने कुछ लिखा तो उसे पढ़ लेते थे लेकिन यह सिर्फ़ यह जानने के लिए कि वे क्या लिख रहे हैं। मोहन राकेश से भी मिलना होता था, उन्हें भी पत्र-पत्रिकाओं में कभी पढ़ लेते थे। 'आषाढ़ का एक दिन' पढ़ लिया था पर उससे कुछ

विशेष मिला नहीं। उन दिनों हिन्दी में कविताएँ ही विचारोत्तेजक लिखी जा रही थीं, श्रीकान्त वर्मा, कुँवर नारायण, नरेश मेहता, शमशेर बहादुर सिंह, अशोक वाजपेयी, आदि सभी कवि सक्रिय थे। कहानियाँ केवल निर्मल वर्मा की या कभी-कभी अमरकान्त की मन और बुद्धि को बेचैन करती थीं। कुछ कवि भी कभी-कभार सामान्येतर कहानियाँ लिखा करते थे। जैसे कुँवर नारायण और रघुवीर सहाय। श्रीकान्त जी का भी एक कहानी संग्रह आया था।

आप और किन कवियों की चर्चा करना चाहेंगे?

हम लोग अज्ञेय की कविताएँ पढ़ते थे। शमशेर जी की कविताएँ भी पढ़ते थे। 'कृति' ने तो शमशेर जी को हिन्दी कविता का प्रथम नागरिक घोषित किया था। नरेश मेहता की कविताएँ भी हम पढ़ा करते थे। मैं आपको गोरखपुर के दिनों की बात पहले बता रहा था तो उसमें यह जोड़ दूँ कि उन दिनों (१९५६-५७) में ही हिन्दी में समकालीन कविता के संग्रहों का प्रकाशन शुरू हुआ था। इनमें अजित कुमार, कीर्ति चौधरी और नरेश मेहता आदि कवियों के संग्रह छपे थे। ये संग्रह राजकमल प्रकाशन ने छापे (सम्भवत: कवियों के लागत ख़र्च पर)। वे चौसठ या अस्सी पृष्ठ की किताबें होती थीं जो तीन रुपये में बिका करती थी। नरेश जी का 'वनपाखी सुनो', श्रीकान्त वर्मा जी का 'भटका मेघ', शमशेर बहादुर सिंह की 'कुछ कविताएँ', त्रिलोचन का एक सानेट संग्रह प्रकाशित हुआ था। बनारस से विष्णुचन्द्र शर्मा 'कवि' नाम की पत्रिका निकालते थे जिसमें कविताएँ और अनुवाद छपा करते थे। 'कृति' और 'कवि' दोनों ही शमशेर बहादुर सिंह की कविताओं को प्रमुखता देते थे। उसमें अज्ञेय जी का स्थान कम करने का भी भाव था। कुछ और नये कवि भी उन वर्षों में लिखा करते थे जैसे मलयज, श्रीराम वर्मा, विनोद कुमार शुक्ल। उन दिनों पहले तो तीन रुपये का मूल्य बहुत जान पड़ता था, इतने रुपये होते नहीं थे इसलिए यह चुनना पड़ता था कि कौन-कौन सी किताबें ख़रीदें। मान लो किसी के पास 'वनपाखी सुनो' है तो उसके पास जा कर वह ले आते थे और उसे अपनी हस्तलिपि में कॉपी में उतार लेते थे। वे कविता संग्रह इतने छोटे हुआ करते थे कि यह करने में समय नहीं लगता था। इसी तरह मान लीजिए टी.एस. एलियट का 'वेस्टलैंड' बाज़ार में

नहीं मिल रहा तो उसे किसी के पास से जा कर ले आये और उसे अपने हाथ से कॉपी पर लिख डाला। उन दिनों तो फ़ोटो कॉपी भी नहीं हुआ करती थी। दूरस्थ स्थानों के कुछ नये लेखक ज़रूर उन दिनों साइक्लोस्टाइल करके भी पत्रिकाएँ निकालते थे।

दिल्ली में रहते हुए मैं गोरखपुर आता-जाता रहता था पर उन दिनों वहाँ के लिए सीधी ट्रेन नहीं हुआ करती थी और ट्रेनें आज की तुलना में बहुत धीमी गति से चला करती थी। पहले दिल्ली से लखनऊ जाना पड़ता था, वह ब्रॉडगेज लाइन थी और वहाँ से गोरखपुर के लिए मीटरगेज लाइन की गाड़ी पकड़नी होती थी। दिल्ली से शाम को लखनऊ जाते थे और सुबह लखनऊ पहुँच कर दिन भर वहाँ बिता कर रात को वहाँ से गोरखपुर के लिए ट्रेन पकड़ते थे। लखनऊ में श्रीलाल शुक्ल, कृष्ण नारायण कक्कड़ और कुँवर नारायण आदि से मिलना होता था। लखनऊ में जब मैं पहले था तब से ही 'राम अडवानी' की पुस्तक दुकान में जाने लगा था। वहाँ एक बार मुझे बहुत प्रिय लगनेवाले यूनानी कवि कवाफ़ी का वह कविता संग्रह मिला था जो मैंने पिछले दिनों आपको भेंट किया है। मैं कवाफ़ी के बारे में ई.एम फॉस्टर के एक लेख में पढ़ चुका था। बाद में लॉरेन्स डरेल का 'एलेक्जैंड्रिया क्वार्ट्रिट' के चार उपन्यास छपे जिनमें कवाफ़ी एक पात्र हैं जिन्हें कवि कह कर सम्बोधित किया गया है। उस पुस्तक के परिशिष्ट में उनकी कुछ कविताओं के अनुवाद भी दिये गये हैं। इस पुस्तक ने भी मुझे उन दिनों बहुत प्रभावित किया था। यह इकसठ या बासठ में प्रकाशित हुई थी। इतना लम्बा चार भागों में फैला उपन्यास उसी आयु में पढ़ा जा सकता था।

> क्या लोहिया जी के साथ रहते हुए आपका कुछ अन्य राजनेताओं से भी परिचय हुआ था?

मधु लिमये, राजनारायण, जार्ज फर्नांडिस, ये तो समाजवादी पार्टी के ही लोग थे। बहुत सारे प्रान्तीय स्तर के नेता थे, उनसे भी परिचय हुआ था। एक गोपाल गौड़ा थे, कर्नाटक के। उन्होंने वहाँ शिमोगा ज़िले में किसान सत्याग्रह का नेतृत्व किया था, वे बौद्धिक जगत से भी काफ़ी सम्पर्क रखते थे। कन्नड़ साहित्य में उनकी अच्छी गति थी। दुर्भाग्यवश उनकी

अल्पायु में ही मृत्यु हो गयी। उनके द्वारा राजनीति में लाये और बढ़ाये गये कई लोग बाद के दिनों में मुख्यमन्त्री हुए और कई आज भी कर्नाटक की राजनीति में शीर्ष स्थान पर हैं। उन्होंने ही मुझे सबसे पहले यू.आर. अनन्तमूर्ति के बारे में बतलाया था और बाद में मिलवाया भी था। मेरा युवा राजनीतिज्ञों और विद्यार्थी आन्दोलन के लोगों से काफ़ी मिलना-जुलना होता था। इनमें से अनेक लोग आज भी मित्रता का निर्वाह कर रहे हैं। कई भारतीय भाषाओं के लेखक भी राजनीति में थे या कम से कम समाजवादी राजनीति के प्रति कुछ ममत्व रखते थे। इनमें असमिया के श्रेष्ठ कवि और उपन्यासकार श्री वीरेन्द्र कुमार भट्टाचार्य, मराठी में मंगेश पाडगाँवकर और श्री हमीद दलवाई, गुजराती के श्री निरंजन भगत आदि से प्राय: मिलना हो जाता था। कन्नड़ में श्री गोपालकृष्ण अडिग और श्री अनन्तमूर्ति से बराबर सम्बन्ध बना रहा।

> क्या आप राजनैतिक रूप से भी सक्रिय थे, या सिर्फ़ लोहिया जी की मदद भर करते थे?

मैं राजनैतिक रूप से भी सक्रिय था। समय-समय पर समाजवादी पार्टी के सत्याग्रह आदि हुआ करते थे, उनमें मैं भाग लेता था। उनमें भाग लेकर मैं कई बार जेल भी गया था। लोहिया जी से मिलना-जुलना हैदराबाद में ही शुरू हो गया था। हैदराबाद में रहते हुए भी सत्याग्रह करके मैं जेल गया था। 'कल्पना' का काम छोड़ने के बाद कुछ दिनों तक 'मैनकाइंड' के दफ़्तर में भी जाता रहता था। 'मैनकाइंड' सोशलिस्ट पार्टी के केन्द्रीय दफ़्तर से निकलता था। उन दिनों एक वार्षिक अनुष्ठान-सा था कि हर वर्ष समाजवादी पार्टी किन्हीं माँगों को लेकर सत्याग्रह करती थी। उनमें कई माँगें होती थीं जैसे आय-व्यय की सीमा निश्चित करने, किसान को उसके उत्पाद का लाभकारी मूल्य मिलने, मूल्यों में ज़्यादा घटा-बढ़ी रोकने। इसमें एक माँग अपनी भाषा की थी, उसे 'अँग्रेज़ी हटाओ' का नाम दिया जाता था। उस आन्दोलन का एक रूप यह हुआ करता था कि अँग्रेज़ी के साइनबोर्डों को हम जा कर पोतते थे और पुलिस आ कर हमें पकड़ती थी। फिर हमें जेल भेजा जाता था। इन सब कार्यों के लिए अधिक से अधिक दो-तीन दिन जेल में रहना पड़ता था पर मजिस्ट्रेट कभी-कभी शाम होते तक भी छोड़ देता था। मैं दिल्ली में रहते

हुए पार्टी के लिए अनेक प्रकार के कार्य करता था। उदाहरण के लिए मुझे राजनैतिक सभाएँ आयोजित करनी होती थीं। सभा के प्रचार के लिए ख़ास मुद्रकों के यहाँ से पोस्टर छपाने होते थे जो इस काम के विशेषज्ञ होते थे। फिर पोस्टर चिपकानेवालों को पोस्टर बाँटने होते थे जो रात भर में ही पूरी दिल्ली में चिपक जाते थे। मीटिंग के दो दिन पहले पोस्टर चिपक जाना आवश्यक होता था। फिर अख़बारों को सूचना देनी होती थी कि इस तरह की सभा होनेवाली है। जिस स्थान पर सभा होनेवाली होती थी वहाँ मंच बनवाना होता था, वहाँ दरियाँ बिछवानी होती थीं ताकि वहाँ आ कर लोग बैठ सकें। दिल्ली में जनसभाओं के लिए कुछ विशेष स्थान थे जैसे चाँदनी चौक में फव्वारे के पास का 'गांधी मैदान'। कभी बड़ी सभा हो तो रामलीला मैदान में हुआ करती थी। इन जगहों पर सभा करने के लिए पहले से नगर निगम से अनुमति लेनी पड़ती थी। बाकायदा पुलिस को सभा की सूचना देनी पड़ती थी। सभा हो जाने के बाद सब कुछ समेटना पड़ता था। मैं ये सब काम करता था। मैं दिल्ली की समाजवादी पार्टी की कार्यसमिति का भी सदस्य था, कभी-कभी उसकी बैठकों का भी आयोजन करना होता था। फिर कार्यकर्ता भी हमें अपनी क्षेत्रीय बैठकों में बुलाया करते थे। कभी दिल्ली क्लाथ मिल में मज़दूरों द्वारा बुलाया गया, कभी शाहदरा में कोई हड़ताल होने की सम्भावना हो जाती थी तो वहाँ जा कर लोगों से बात करनी होती थी। युवा संस्थाओं और विद्यार्थी संस्थाओं से लगातार सम्पर्क रखना पड़ता था। इस तरह अनेक राजनैतिक कार्य चलते रहते थे।

क्या आप विभिन्न जगहों पर भाषण आदि देने का काम भी किया करते थे?

हाँ। मैं वैसे तो भाषण-भीरु था, मंच पर खड़ा होते ही क्या बोलना है यह भूल जाता था। एक बार महाराष्ट्र में समाजवादी पार्टी की पदयात्रा निकली थी, मैं उसमें भाग लेने गया था उसमें दसियों दिन हम एक गाँव से दूसरे गाँव तक चलते रहे। शाम को जो गाँव आता था वहाँ रुकते थे और लोगों से बातचीत करते थे। उसमें मैं कई शाम तक बोलता रहा था। लोगों के बीच बैठ कर उनसे बातचीत करते हुए अपनी बात कहना मुझे सहज लगता था। लेकिन मंच पर खड़े हो कर भाषण देने में मुझे हमेशा कठिनाई

होती रही है।

> आप यह कार्य इसलिए किया करते थे क्योंकि लोकतान्त्रिक समाजवाद में आपका विश्वास था, पर जितना मैं जानता हूँ उसके अनुसार आपका यह विश्वास तो धीरे–धीरे टूटता–बिखरता गया है।

दुनिया में समाजवाद के मूल स्रोत वही रहे हैं जो स्रोत कम्युनिज्म के रहे हैं। दोनों का इतिहास लगभग एक प्रकार के पात्रों से शुरू होता है। लोकतान्त्रिक समाजवाद की धारा अलग रही, कम्युनिज्म से उसका गम्भीर विरोध भी रहा। लेकिन दोनों का मूल उत्स भौतिकवादी और ऐतिहासिक चिन्तन में रहा है। भारतवर्ष में कम्युनिज्म मूलतः सोवियत संघ को आदर्श मान कर, सोवियत हितों की रक्षा के लिए, कोमिनटर्न की प्रेरणा और उसकी अधीनता में बनी हुई कम्यूनिस्ट पार्टी के द्वारा प्रचारित होता था। यह मार्क्सवाद–एंगिल्सवाद–लेनिनवाद–स्तालीनवाद के नाम से पहचाना जाता था। यूरोप में एक प्रकार के समाजवादी विचार अठारहवीं शताब्दी में ही शुरू हो गये थे। उनके छोटे–छोटे संगठन अपने को बहुराष्ट्रीय नाम दिया करते थे। इस तरह पहले और दूसरे 'इण्टरनेशनल' पर वे मार्क्सवाद–एंगिल्सवाद–लेनिनवाद–स्तालीनवाद के अनुयायी नहीं थे। 'दूसरा इंटरनेशनल' आज भी काम कर रहा है, लेकिन वह अब सोशलिस्ट इंटरनेशनल कहलाता है और दुनिया भर की लोकतान्त्रिक सोशलिस्ट पार्टियों का संगठन है। ग़ैरकम्यूनिस्ट सोशलिस्ट विचार भी इंग्लैण्ड और यूरोप से ही मिले। भारतवर्ष में सोशलिस्ट पार्टी बनने के बाद उसके बहुत से सदस्य मार्क्सवादी हुआ करते थे। वे कम्यूनिस्ट पार्टी में सिर्फ़ इसलिए शामिल नहीं होते थे क्योंकि कम्यूनिस्ट पार्टी सोवियत हितों की पोषक होती थी और भारतवर्ष में भी अपनी नीतियाँ उसी के अनुसार निर्धारित करती थी। बाद में सोशलिस्टों ने, विशेष कर राममनोहर लोहिया ने मार्क्सवाद की परीक्षा की और उसके साथ जुड़ी हुई मिथ्यागाथाओं का उद्घाटन करना शुरू किया। तब बहुत से राजनीतिक कार्यकर्ताओं को यह लगने लगा कि मार्क्स से अलग समाजवाद सम्भव है। यही नहीं बल्कि भारतवर्ष का एक विशिष्ट समाजवाद सम्भव है जो भारतीय समाज की विशेषताओं और उसके वैविध्य को ध्यान में रखे। लोहिया का

समाजवाद बहुत कुछ इस दृष्टि से गढ़ा गया समाजवाद था। कुछ समय बाद ही सोशलिस्ट पार्टी के नेता भारतवर्ष में आर्थिक विकास के लिए कांग्रेस सरकार से सहयोग के प्रश्न पर दो रास्तों पर चलने लगे और सोशलिस्ट पार्टी का विभाजन हो गया। प्रजा सोशलिस्ट पार्टी वाले लोकतान्त्रिक समाजवाद की बात किया करते थे। और धीरे-धीरे कांग्रेस के नज़दीक होते रहे। राममनोहर लोहिया ने अलग हो कर जो सोशलिस्ट पार्टी बनायी वह उनकी नेहरू सरकार की नीतियों और कार्यों की लगातार आलोचना के कारण कांग्रेस से दूर रही। हिमालय नीति, भाषा नीति, मूल्य नीति, कृषि नीति, आदि को लेकर वह लगातार आन्दोलन करती थी, इससे उसकी अपनी अलग छवि बनी। मैं राममनोहर लोहिया के विचारों और उनकी सोशलिस्ट पार्टी के प्रति आकृष्ट हुआ था।

मेरे गाँव में मेरे एक पट्टीदार १९४० के दशक में बनारस पढ़ने गये थे। वहाँ उन्होंने १९४२ के आन्दोलन में भाग लिया और बाद में उन्हें जेल में डाल दिया गया था। जेल से छूटने के बाद उन्होंने स्वतन्त्रता प्राप्ति का उत्सव मनाया फिर शीघ्र ही सोशलिस्ट पार्टी का संगठन करने लगे। उन्होंने मेरे गाँव में भी एक सोशलिस्ट पार्टी बना दी। जब पंचायत के चुनाव हुए तो उन्होंने मेरे एक चाचा के विरुद्ध हमारे नाई महाराज को सरपंच जिता दिया। मैंने पहले उल्लेख किया है कि मेरे गाँव में लगभग ४०० परिवार सुकुल ब्राह्मणों के थे और केवल दो परिवार नाई थे। फिर भी नाई जीत गया इसका कारण यही माना जा सकता है कि हमारे गाँव में (और प्रकारान्तर से देश में भी) जातिवाद उतना नहीं कारगर होता है जितनी उसकी चर्चा होती है। गाँव में समाजवादी साहित्य भी बँटता रहता था। जब १९५६ में राममनोहर लोहिया ने सोशलिस्ट पार्टी की स्थापना की तो उसका भी साहित्य गाँव में आया और जब 'मैनकाइंड' निकलने लगा तब उसके अंक भी गाँव में आने लगे। हर सामग्री पढ़ने में रुचि के कारण मैं यह सारा साहित्य पढ़ने लगा। राममनोहर लोहिया के विचारों के प्रति मेरा लगाव तभी से शुरू हो गया था।

समाजवादी पार्टियों में कई बार टूट हुई और फिर एका भी हो जाता था। जिस समय मैं संयुक्त सोशलिस्ट पार्टी का एक पदाधिकारी बना उस समय भी प्रजा सोशलिस्ट पार्टी अलग चल रही थी। हमने दो-तीन वर्ष तक अनेक स्तरों पर प्रयत्न किया और अन्तत: दोनों पार्टियों का विलय

हो गया। कई नेता विलय के ख़िलाफ़ थे जिनको मैंने काफ़ी समझाया। इस सबका भी अपना एक इतिहास है। जार्ज फर्नांडिस ने एक पैम्फ़्लेट में इसका वर्णन है।

हम लोग यूरोपीय अर्थ में तो लोकतान्त्रिक समाजवादी नहीं थे, लोहिया का प्रयत्न भारतीय ढंग का समाजवाद बनाने का था। लोहिया बहुत सारी भारतीय समाज, राष्ट्रीयता और विचारदर्शन की समस्याओं में रुचि लेते थे। इसीलिए वे आकृष्ट करते थे। वे समाजवाद का दार्शनिक आधार नचिकेता उपाख्यान के 'श्रेय' और 'प्रेय' के द्वन्द्व में देखते थे। लोहिया जब नहीं रहे तब धीरे-धीरे समाजवाद की यूरोपीय स्फूर्ति प्रकट होने लगी। समाजवाद भी मार्क्सवाद के सारे छद्मों और उसकी कम्यूनिस्ट परिणति वाली दुष्प्रवृत्तियों के लिए उत्तरदायी था। आप कुछ भी करें अधिकतर समाजवादी उन्हीं मार्क्स और उनके अनुयायियों की किताबें पढ़ कर वैसे ही नारे लगाते हैं। इसलिए उनकी नीतियों के भी वही-वही परिणाम आते रहते हैं। उनकी मूलवृत्ति वही होती है जिसे गीता आदि ग्रन्थों में आसुरी वृत्ति कहा जाता है। ये सारे आन्दोलन मनुष्य में उन्हीं ईर्ष्या, द्वेष, जलन आदि वृत्तियों को बढ़ावा देते और उभारते हैं। सोशलिस्टों का भी नारा यही हुआ करता था कि टाटा-बिरला की सरकार नहीं चलेगी और इसके पीछे यह विश्वास हुआ करता था मानों बुर्ज़ुआ सरकार को टाटा-बिरला ही चलाते हैं। मुझे धीरे-धीरे भारतीय राज्य का ऐसा विश्लेषण त्रुटिपूर्ण ही नहीं, आधारहीन लगने लगा। भारतवर्ष की पार्टी पद्धति, पार्टियों का गठन, पार्टियों में कार्यकर्ताओं की भर्ती, कार्यकर्ताओं की भूमिका को लेकर भी बहुत सारे प्रश्न मेरे मन में उत्पन्न होते रहे, जो मेरे अपने राजनीतिक कार्य के अनुभव से प्रसूत थे। राजनीतिक दल प्रायः चुनाव परिचालित होते हैं। उनके नेता कार्यकर्ताओं की समस्याओं पर ध्यान नहीं देते थे। इस तरह पार्टी की नीति और कार्यक्रम का व्यवहारिक पक्ष भी धीरे-धीरे नगण्य होता जा रहा था। वैचारिक और व्यवहारिक दोनों स्तरों पर मैं समाजवादी पार्टी से दूर होता गया। मुझे किसी नयी पार्टी में तो शामिल नहीं होना था, मेरे मन्तव्य में पूरी राजनीतिक प्रणाली ही दोषी थी। इसलिए अपने राजनीति से अलग होने की कोई घोषणा करने की आवश्यकता नहीं थी। जिन लोगों के साथ वर्षों से काम करता रहा था और जिनसे व्यक्तिगत सम्बन्ध बन गये थे, उनसे तो वे सम्बन्ध बहुत

दिनों तक बने रहे, अभी भी हैं। पार्टियों में काम करनेवाले बहुत से लोग विचार-प्रेरित नहीं होते इसलिए उनसे वैचारिक बहस करने की आवश्यकता भी नहीं थी। हालाँकि जो मित्र इन विषयों पर बहसें किया करते हैं, उनसे लम्बी बातचीत अभी तक होती रहती है।

> और आप समाजवादी नेताओं से दूर हो गये। या दोस्ती बनी रही पर... ?

कुछ दिनों तक दोस्ती बनी रही, उनसे जा कर बातचीत करते रहते थे पर बाद में उनसे बातचीत करने में भी तकलीफ़ होने लगी। जैसे श्री मधु लिमये से वैचारिक बहस हो सकती थी और उनके पास में मैं बातचीत करने जाता भी रहता था पर बहस के समाप्त होने के पहले ही झगड़ा-सा हो जाता था।

> आपके जीवन में ऐसे कौन से दार्शनिक या विचारक या समाजशास्त्री या लेखक आये जिन्हें पढ़ कर आपके मन में समाजवाद के प्रति शंकाएँ उत्पन्न होनी शुरू हुईं। कुछ-कुछ चीज़ तो आपके अपने मन में आयी होंगी पर क्या ऐसे कोई लेखक भी थे?

समाजवादी दिनों में ही मैंने ऐसी बहुत सी पुस्तकें पढ़ी थीं। कई विचारक अच्छे लगे। यह संयोग ही है कि इनमें से कुछ विचारक यहूदी थे। (मार्क्स भी तो यहूदी थे!) आपने मार्टिन बबर को सम्भवतः नहीं पढ़ा होगा क्योंकि आज कल उनको पढ़ने का रिवाज नहीं है और उनकी किताबें बहुत दिनों से छप भी नहीं रही है। उनकी पुस्तक 'पाथ्स इन यूटोपिया' सम्भवतः राममनोहर लोहिया ने भी पढ़ी थी। यह समाजवाद के यूरोपीय उत्सों का विवेचन करनेवाली पुस्तक थी। इस पुस्तक जैसी सामग्री बहुत विस्तृत रूप में समाजवादी विचारों का निरूपण करनेवाली बृहदाकार पुस्तकों में भी होती थी। जैसे जी.डी.एच. कोल का बृहदाकार 'सोशलिस्ट विचारों का इतिहास' कम्यूनिस्ट इंटरनेशनल के इतिहास और ट्राट्सकी के भारी भरकम ग्रन्थ भी सोशलिस्ट चिन्तन की विभिन्न धाराओं को समझने के लिए पाठ्यग्रन्थ हुआ करते थे। मार्टिन बबर ने बाद में

'बिट्वीन मैन एंड मैन' में मनुष्य और मनुष्य के बीच संवाद के प्रतिफलों को विवेचित किया। इस पुस्तक के प्रतिपाद्य को उन्होंने दो और पुस्तकों में विस्तार दिया। ये पुस्तकें एक प्रकार से मार्क्सवाद और कम्यूनिज्म का खण्डन भी थीं। लोहिया जी को समाजवाद शब्द का प्रयोग ज़रूर करना पड़ता था और सोशलिस्ट पार्टी भी बनानी पड़ती थी क्योंकि समाजवादी शब्दावली भारतवर्ष में राजनीतिक कार्यकर्ताओं से संवाद के लिए सहज माध्यम प्रदान करती थी। एक युग में भारतवर्ष में समाजवादी–मार्क्सवादी पैम्फ़्लेट हर भाषा में बहुतायत से उपलब्ध थे। कार्यकर्ताओं को उन्हीं से मानसिक खुराक मिलती थी। इसलिए समाजवाद भारतवर्ष में राजनीति की शब्दावली बन गयी थी। लेकिन जब मैंने लोहिया को बाद में पढ़ा तो यह समझ में आया कि वे समाजवाद शब्द का प्रयोग संवाद की सुविधा के लिए ही करते थे। उसके भौतिकवादी या संस्थागत स्वरूप के तो वे बड़े गम्भीर आलोचक थे। बाद में भारतवर्ष से दैन्य हटाने, दलितों में आत्मसम्मान लाने और लोकतन्त्र को सबल बनाने के लिए उन्होंने जो नीतियाँ विकसित कीं और जो राजनीतिक कार्यक्रम बनाएँ उनका समाजवादी दर्शन से कोई विशेष सरोकार नहीं था। उनके आलोचक ऐसा कहते भी थे। कह सकते हैं कि यदि भारत की राजनीतिक स्थिति में ऐसा सम्भव होता तो वे अपने विचारों के लिए समाजवादी शब्द का प्रयोग नहीं करते। बाद में विश्लेषण करने पर यह स्पष्ट हो गया कि डॉ. लोहिया के विचारों के प्रति मेरा आकर्षण समाजवाद के प्रति नहीं था।

पिछली शताब्दी में भारतवर्ष में पश्चिमी विचार ही पनपे। शताब्दी के शुरू में जो भारतीय नेता थे, वे अक्टूबर क्रान्ति के बाद समाजवाद का किसी सरलीकृत अर्थ में समर्थन करने लगे। लेकिन किसी गम्भीर अर्थ में वे लोग समाजवादी नहीं थे। १९२५ के बाद कोमिनटर्न के प्रयत्नों से मार्क्सवाद–लेनिनवाद का संगठन और प्रचार हुआ। लोकतान्त्रिक समाजवाद की धारा इससे अलग विकसित हुई। इस दौरान मानवेन्द्रनाथ राय भी एक महत्त्वपूर्ण व्यक्ति थे। उनका असर पहले कम्यूनिस्ट आन्दोलन पर, फिर कम्यूनिस्ट विरोधी आन्दोलन पर भी रहा। कम्यूनिस्ट विरोधियों का एक तबका उन्हें बहुत बड़ा दार्शनिक भी मानता रहा। लेकिन उन्होंने कोमिनटर्न के शुरू के दिनों में जिस तरह लेनिन की एशिया नीति का विकल्प देकर लेनिन को कुछ दिनों के लिए प्रभावित कर लिया था उसी तरह से उनकी

दार्शनिक महत्त्वाकाँक्षा ने बहुत से लोगों को प्रभावित किया। अज्ञेय जी जैसे अनेक लोग थे जो उनको बड़ा विचारक मानते रहे।

भारतवर्ष के विचारकों में मुझे सबसे महत्त्वपूर्ण श्री अरविन्द लगे। उन्होंने मनुष्य के विकास, उसके अन्तर्जीवन, उसके बाह्यजीवन के संगठन, भारत की संस्कृति, कला और काव्य हर विषय पर गहन, गम्भीर, और तर्कसिद्ध विचारों का विकास किया। उन्होंने बीसवीं शताब्दी के किसी भी राजनीतिक नेता की तुलना में ज़्यादा गहराई में अनेक भारतवासियों को प्रभावित किया है। श्री आनन्द कुमारस्वामी हर विषय पर संक्षिप्त, सारभूत, तत्वचिन्तात्मक विवेचन से बुद्धि की धारा को बदल देते हैं। वे भारतवर्ष के लिए बीसवीं शताब्दी की दूसरी चमत्कारिक विभूति है। मुझे श्री कृष्णचन्द्र भट्टाचार्य, श्री बसन्त कुमार मल्लिक, श्री मोतीलाल शास्त्री, श्री जड़ावलाल मेहता, श्री बद्रीप्रसाद ठुलधरिया, श्री अनिर्वाण आदि भारतीय चिन्तकों की कृतियाँ पढ़ कर विचारसम्पन्न होने का बोध होता है। मैंने अभी जिन भारतीय विचारकों के नाम गिनाये, उनकी किताबें कभी-कभी ही उपलब्ध होती हैं। इन्हें ढूँढ़ने के लिए मुझे पर्याप्त समय लगाना और प्रयत्न करना पड़ा।

भारतवर्ष में पिछली शताब्दी में पश्चिमी चिन्तकों का ही ज़्यादा प्रभाव रहा है। उसमें श्री अरविन्द, गांधी दोनों अलग-अलग तरीके से इस प्रभाव से निपटते हैं। भारतवर्ष में अँग्रेज़ी शिक्षा का ही प्रावधान है और अँग्रेज़ी प्रकाशकों के लिए भारत धीरे-धीरे बहुत बड़ा बाज़ार बनता जा रहा है। फिर भी यूरोप के बहुत से महत्त्वपूर्ण चिन्तकों के ग्रन्थ भारतवर्ष में नहीं मिलते। जिनके विचारों का मुझ पर सबसे अधिक प्रभाव पड़ा उनकी कृतियाँ ६० और ७० के दशक में ढूँढ़ने से ही मिलती थीं। उदाहरण के लिए फ्रांसीसी दार्शनिक सीमोन वील की पुस्तकें। मुझे सीमोन वील के विचार बहुत महत्त्वपूर्ण लगे। सीमोन वील फ्रांस में सार्त्र की पीढ़ी की थीं, दर्शन शास्त्र की अध्यापक थीं, साथ ही वे सिंडीकलिस्ट मज़दूर संगठनों में भी काम करती थीं। मज़दूरों की दुर्दशा समझने के लिए उन्होंने एक मोटर कारखाने में मज़दूर का काम किया। किसानी को समझने के लिए वे अंगूरबागों में फल तोड़ने का काम करती रहीं। इस तरह अपने विचारों को अनुभवस्यूत बनाते हुए १९३० के दशक में ही उन्होंने लेनिन और सोवियत संघ के बारे में कड़े आलोचनात्मक लेख

लिखे थे जो प्रामाणिक तथ्यों पर आधारित थे। युद्धकाल में लन्दन में रहते हुए उन्होंने फ्रांसीसी जाति की अधोगति के कारणों और फ्रांसीसी समाज को पुनरुज्जीवित करने के उपायों पर एक दस्तावेज़ लिखा जो मनुष्य की सामाजिक और राजनीतिक नियति के विषय में अन्यत्र दुर्लभ और अत्यन्त महत्त्वपूर्ण चिन्तन है। यदि कोई राजनीतिक दल सीमोन वील के 'द नीड फार रूट्स' को अपना कार्यक्रम बना कर कार्यान्वित करता तो मानव जाति के इतिहास में एक नये युग का सूत्रपात हो सकता था।

दुर्भाग्य की बात है कि सोवियत संघ के अमानुषिक नरसंहारकारी कार्यों, अकाल-भुखमरी पैदा करनेवाली कृषिनीतियों, और समाज को मशीन की तरह संगठित करने के दुष्परिणामों को लेकर सोवियत कम्युनिज्म के बारे में सीमोन वील ने १९३० के दशक में ही लिखा था पर कोमिनटर्न, सोवियत संघ और कम्यूनिस्ट पार्टियों ने इन बातों को छिपा कर रखने के लिए असाध्य प्रयत्न किये। मनुष्य के इतिहास की ये दुर्द्धर्ष विभीषिकाएँ थीं। फिर भी यूरोप में सार्वजनिक जीवन के अनेक नेताओं को कम्युनिज्म के इन भयंकर अपराधों का पता लगा और उन्होंने इनका विरोध किया। द्वितीय विश्वयुद्ध के बाद तो ये बातें आम जानकारी में आ गयीं और जो लोग किन्हीं स्वार्थों के कारण सोवियत संघ का विरोध नहीं कर सकते थे उनके अलावा तमाम लोगों ने सोवियत नीतियों का विरोध किया। यह सम्भव नहीं कि भारतवर्ष के राजनीतिज्ञों और विचारकों ने इनके बारे में सुना-पढ़ा न हो। विदेशों का बार-बार दौरा करनेवाले और वहाँ के बौद्धिकों से मिलने का शौक रखनेवाले जवाहरलाल नेहरू और नोबेल पुरस्कार पा कर भारत में सर्वश्रेष्ठ साहित्यिक माने जानेवाले रवीन्द्रनाथ ठाकुर को तो इस विषय में अवश्य पता होना चाहिए था। ये लोग सोवियत सरकार के हफ़्तों तक मेहमान रहे थे। अपने सोवियत दौरों के बारे में पुस्तकें भी लिखीं थीं लेकिन मनुष्य जाति के इतिहास में पहली बार सोवियत संघ द्वारा इतने बड़े पैमाने पर किये गये नरसंहारों, यातना शिविरों और कृषि अकालों का उल्लेख तक नहीं किया।

१९५०-६० दशकों में शीत युद्ध के कारण कम्यूनिज्म और मार्क्सवाद का पर्दाफाश करनेवाला बहुत-सा साहित्य उपलब्ध होने लगा। इसमें सोवियत यूनियन के उच्च पदाधिकारियों और वरिष्ठ कम्यूनिस्टों के यथार्थपरक

विवरण भी थे, विचारकों द्वारा मार्क्सवादी इतिहास दर्शन, सर्वहारा की तानाशाही, और नौकरशाही की तरह गठित केन्द्रीकृत कम्यूनिस्ट पार्टी को सर्वाधिकार सम्पन्न करनेवाले सोवियत राज्य आदि की गम्भीर आलोचनात्मक पुस्तकें भी थीं। अवश्य ही इसमें बहुत सारा कम्यूनिस्ट विरोधी प्रचार साहित्य भी था। कम्यूनिस्ट लोग यह तमाम साहित्य शीतयुद्ध के दौरान सी.आई.ए. की सहायता से या अन्य अमरीकी सहायता से प्रकाशित होने के कारण इसे सी.आई.ए. से जोड़ कर इसके महत्त्व को समाप्त करने का दुष्प्रयत्न करते हैं। महत्त्वपूर्ण दार्शनिकों और विचारकों के ऐसे ग्रन्थ जो सामन्यतया प्रकाशकों द्वारा नहीं छापे जाते या कम से कम उनका ऐसा वितरण नहीं हो पाता कि उन्हें पढ़ने में रुचि रखनेवालों को वे सहजता से उपलब्ध हो सकें, इन ग्रन्थों को सहायता करके प्रकाशित और बड़े पैमाने पर उपलब्ध करवा देना, सत्य को प्रतिष्ठित करता है। सन् १९२४ के बाद से ही दुनिया में कम्यूनिज्म का ऐसा हव्वा बनने लगा था कि बड़े और छोटे सभी उसका गुणगान करने से अघाते नहीं थे। विश्व के कुछ विख्यात कम्यूनिस्ट जिनको सोवियत संघ में बड़ी प्रताड़ना मिली उनके बारे में कुछ ही लोगों को संज्ञान हो सकता था और उनकी लिखी पुस्तकों को प्रकाशक नहीं मिलते थे। शीतयुद्ध के दौरान इस सत्य का सहधर्मी साहित्य धीरे-धीरे उपलब्ध होने लगा। यह सब शीतयुद्ध के दौरान अपने कारणों से अमरीका और सी.आई.ए. ने उपलब्ध कराया। इसके लिए मानवजाति अमरीका और सी.आई.ए. की ऋणी है। भारतवर्ष को यह बौद्धिक खुराक शायद ही उपलब्ध होती अगर अमरीका और सी.आई.ए. इस दिशा में सक्रिय नहीं होते। हमारा दुर्भाग्य है कि हिन्दी में नयी पीढ़ी के अधिकांश लेखकों को सोवियत संघ के इन भयंकर अपराधों का ज्ञान भी नहीं है। सम्भवत: वे अभी भी मार्क्सवाद के प्रभाव में होने के कारण इनको सी.आई.ए. का प्रचार मानते हैं और यह कह कर अपनी सारी जिम्मेदारी से बच जाते हैं। आज भी ग़रीबों-मज़दूरों किसानों की हितचिन्ता के नाम पर मार्क्सवाद और कम्यूनिज्म को अपनानेवाले लोगों के मानसिक क्षितिज में इतिहास में कुलकों के भयंकर प्रताड़न, यूक्रेन के मनुष्य निर्मित महाअकाल, करोड़ों लोगों को साइबेरिया के यातना शिविरों में संत्रास, इतिहास के सबसे भीषण नरसंहार का कोई स्थान नहीं है।

मुझे तो आज यह अपनी पीढ़ी का सौभाग्य ही लगता है कि हमको

पश्चिम के तमाम बड़े विचारकों को पढ़ने का अवसर प्राप्त हुआ। मार्क्सवाद और कम्यूनिज्म के क्लासिक ग्रन्थों को और अपने प्रचार साहित्य को सोवियत संघ ने तो तमाम भाषाओं में अनुवादित करके भारतवर्ष के हर ज़िले में दुकानें खोल करके उपलब्ध करा दिया था। लेकिन वैकल्पिक और विरोधी विचारों को जानने का कोई साधन बहुत दिनों तक नहीं था। इनका प्रकाशन विश्व के निजी प्रकाशकों की सामर्थ्य के बाहर था। शीतयुद्ध के दौरान ही यह उपलब्ध हो सका। इनके प्रकाशन के पीछे सी.आई.ए. का हाथ होने का आरोप लगा कर उनमें दिये गये प्रमाणों को झुठलाया नहीं जा सकता। सोवियत कम्यूनिस्ट पार्टी की बीसवीं कांग्रेस में श्री निकिता ख्रुश्चेव द्वारा दी गयी रिपोर्ट के बाद जिसे झूठा प्रचार कहा जाता था वह सब प्रमाणित हो गया। आज कोमिनटर्न, सोवियत यूनियन, क्रेमलिन और के.जी.बी. के 'आर्काइव्ज' खुल चुके हैं, उससे रोज़-रोज़ सामने आ रहे दस्तावेज़ों से सी.आई.ए. द्वारा प्रचारित तथ्यों और प्रमाणों की पुष्टि ही नहीं हो रही है बल्कि और ज़्यादा जानकारी सामने आ रही है।

भारतवर्ष में १९५०-६० के दशक में सोवियत संघ और मार्क्सवाद के विषय में प्रतिकूल विचार पर्याप्त बड़े पैमाने पर छपने के कारण ही हमारी पीढ़ी के बहुत-से लोग कम्युनिज्म के विभ्रमों में पड़ने से बच गये। साहित्य के क्षेत्र में नाम कमानेवाले कुछ पूर्व कम्यूनिस्टों ने अपने कम्यूनिस्ट जीवन के अनुभवों को 'द गॉड दैट फैल्ड' में संकलित किया। इसके लेखकों में थे फ्रांसीसी कथा लेखक आन्द्रे जीद, अँग्रेज़ी कवि स्टीफन स्पेंडर, मध्य यूरोपीय चिन्तक आर्थर कोएस्लर, और इटली के उपन्यासकार इग्नाजियो सिलोन—इनमें से किसी को अपनी प्रामाणिकता के लिए किसी के सर्टिफिकेट की आवश्यकता नहीं थी। लेकिन कम्यूनिस्ट दुष्प्रचार ऐसा था जैसे सी.आई.ए. का नाम लेकर किसी को भी कलंकित किया जा सकता है, किसी भी विचार की हत्या की जा सकती है। इस पुस्तक का हिन्दी अनुवाद प्राची प्रकाशन से छपा था। प्राची प्रकाशन से ही छपी श्री रामस्वरूप की 'सोवियत इम्परीयलिज़्म, हाऊ टू स्टॉप इट' और चीन में अकाल फैलाने की कृषिनीति और भयंकर किसान नरसंहार पर लिखी गयी 'कृषक समाज और साम्यवाद' में तब अन्यत्र कहीं न मिलनेवाली जानकारियाँ मिलती थीं। इन जानकारियों के बाद भी लोग कम्यूनिस्ट रह

सकते हैं, यह भारतवर्ष में फैले हुए अज्ञान के घोर अन्धकार में ही सम्भव है।

सोवियत संघ के एक बड़े कम्यूनिस्ट पदाधिकारी १९४५ में भाग कर यूरोप आये। रूसी प्रवासियों के अलावा उन्हें किन्हीं व्यक्तियों या राज्य या संस्थाओं से कोई सहायता नहीं मिली। सोवियत व्यवस्था के बारे में दिल दहला देनेवाली उनकी पुस्तक को मुश्किल से एक प्रकाशक मिला। लेकिन दस वर्ष बाद जब शीतयुद्ध छिड़ने लगा विक्टर क्रावचेंको की आत्मकथा कई भाषाओं में प्रकाशित हुई। प्राची प्रकाशन ने भी उसका हिन्दी अनुवाद छापा। फ्रांस के महान समाजशास्त्री और चिन्तक रेमो आरों ने 'ओपियम आफ इंटलेक्चुअल्स' के अलावा इतिहास दर्शन पर भी एक महत्त्वपूर्ण पुस्तक लिखी। उन्हीं दिनों पोलिश नोबेल पुरस्कार विजेता कवि मिलोश की पुस्तक 'द कैप्टिव माइंड' आयी। १९६०-८० के दशकों में अनेक सोवियत बुद्धिजीवियों, लेखकों, दार्शनिकों और वैज्ञानिकों की ऐसी अनेक पुस्तकें आयीं जिनमें सोवियत प्रणाली की गम्भीर आलोचना थी। पोलिश दार्शनिक कोलाकोवस्की को पौलैण्ड से देश निकाला मिला। उन्होंने आक्सफोर्ड पहुँच कर तीन खण्डों में मार्क्सवाद का इतिहास लिखा जो साथ ही साथ उसकी आलोचना भी थी। पूर्वी यूरोप और यूगोस्लाविया में 'हैरेटिकल' धाराएँ बह रही थीं, फिर हंगरी में जार्ज लूकाच थे जिन्होंने कई बार रंग बदला। उनके शिष्यों में एगनेस हैलर और उनके पति फैरेन्स यूहास थे जो बाद में आस्ट्रेलिया में बस गये और धीरे-धीरे लूकाच के प्रभाव से मुक्त हो कर 'एथिकल' प्रश्नों पर सबसे बड़े विचारक बने। डॉ. लोहिया के साथ रहते हुए मैंने हन्ना एरेंड्ट को पढ़ा था। उसके पहले हैदराबाद में रहते हुए मैंने कामू का 'द रेबेल' और 'मिथ ऑफ़ सिसिफस' पढ़े थे। उन दिनों सबसे बड़ी बात सोवियत कम्यूनिस्ट पार्टी की बीसवीं कांग्रेस में पेश की गयी जनरल सेक्रेट्री श्री निकिता ख्रुश्चेव की रिपोर्ट थी। यह रिपोर्ट कम्यूनिस्ट लोगों को भी सी.आई.ए. के सौजन्य से ही पढ़ने को मिली। इसमें दिये गये स्तालिन के समय के कम्युनिज्म के तथ्यों के बाद पहले भारतीय कम्यूनिस्टों द्वारा सोवियत कम्यूनिस्ट प्रणाली के विरुद्ध कही जानेवाली सारी बातों को सी.आई.ए. का कुप्रचार कह कर टाल दिया जाता था, उन सब की पुष्टि हो गयी। इस घटना के बाद सोवियत संघ में कम्युनिज्म विरोधी और

कम्यूनिस्ट अन्याय का उद्घाटन करनेवाले लेखन की बाढ़ आ गयी। रूस के जिन महान साहित्यकारों के प्रकाशन पर प्रतिबन्ध लगा हुआ था वह भी ढीला हो गया, सोलजेनेत्सिन, आन्द्रेयी अमलरिक, कुजनेत्सोव आदि का लेखन दुनिया में 'बेस्टसेलर' होने लगा।

> आपने कहा कि भारतीय नेताओं को सोवियत संघ में बड़े पैमाने पर हो रहे आपराधिक कार्यों का पता नहीं था, कुछ को पता ज़रूर रहा होगा लेकिन वे कुछ बोले नहीं। क्या राममनोहर लोहिया इस विषय पर बोलते थे? इसके अलावा उनसे मिलनेवाले ऐसे कौन से हिन्दी और अन्य भाषाओं के लेखक आया करते थे जिनसे लोहिया जी की सोवियत संघ के विषय में या भारतीय इतिहास-राजनीति या भारत की आर्थिक स्थिति आदि पर गहराई से बातचीत हुआ करती थी।

यह मुझे बाद में पता चला था कि डॉ. लोहिया अपने विद्यार्थी जीवन से ही हिन्दी की 'माधुरी', 'सरस्वती' आदि पत्र-पत्रिकाओं में लिखा करते थे। अध्ययन के लिए जर्मनी जाने के बाद भी उन्होंने अपने कुछ लेख वहाँ से कलकत्ता, बनारस और इलाहाबाद से निकलनेवाली पत्रिकाओं में प्रकाशन के लिए भेजे थे। भारतवर्ष आने के बाद जब भी उन्होंने सोशलिस्ट पार्टी की ओर से कोई पत्रिका प्रकाशित की, साथ में हिन्दी में पत्रिका अवश्य प्रकाशित की। जैसे जब उन्होंने 'मैनकाइंड' निकालना शुरू किया, साथ में 'जन' भी प्रकाशित किया। 'जन' में 'मैनकाइंड' से अनुवादित सामग्री नहीं छपती थी, उसके लिए मूल हिन्दी में लेख लिखाए जाते थे। वे उन दिनों भी हिन्दी में या तो स्वयं लिखते थे या बोल कर लिखाते थे। डॉ. लोहिया का हिन्दी में लिखा मूल गद्य बेमिसाल है। मैं उनके लेख 'कृष्ण' और डॉ. रघुवंश की पत्रिका 'क, ख, ग' के लिए लिखे गये लेख का उल्लेख पहले कर चुका हूँ। डॉ. साहब हिन्दी और अन्य भारतीय भाषाओं में लिखनेवालों की जानकारी रखते थे और जब भी कहीं जाते थे, वहाँ पर लेखकों से मिलने की कोशिश करते थे। दिल्ली में भी वे अनेक लेखकों से मिलते रहे। शामलाल, निर्मल वर्मा, श्रीकान्त वर्मा, जगदीश स्वामीनाथन और सर्वेश्वर दयाल सक्सेना उनसे मिलने प्रायः आया करते थे। जिन लेखकों से वे घर पर नहीं मिल पाते थे, उनसे

कॉफी हाऊस या टी हाऊस में बैठ कर लम्बी बातें किया करते थे। दिल्ली से बाहर इलाहाबाद की लेखक मण्डली से उनका गहरा स्नेह था। विजयदेव नारायण साही, डॉ. रघुवंश, केशवचन्द्र वर्मा, लक्ष्मीकान्त वर्मा, दर्शनशास्त्र के विद्वान प्रोफ़ेसर संगमलाल पाण्डे, पुरातत्वविद गोबर्धनराय शर्मा जिन्होंने कोसांबी में खुदाई की थी, इन सब लोगों से डॉ. साहब विचार विनिमय किया करते थे। जब वे अहमदाबाद या गुजरात या देश में अन्यत्र कहीं होते तो वहाँ के आधुनिक कवियों और लेखकों से वैचारिक आदान-प्रदान होता। अहमदाबाद जाने पर वे निरंजन भगत से अवश्य मिलते थे। यदि वे कर्नाटक में होते तो कन्नड़ साहित्यकारों से मिला करते थे। बाँग्ला और मराठी के अनेक साहित्यकारों से उनके घनिष्ठ सम्बन्ध थे।

> आपके यह कहने में कि 'वे हिन्दी में भी लिखते थे' यह बात ध्वनित हो रही है—इसका मुझे आभास भी है कि दिल्ली के प्रभुता सम्पन्न समाज में आमतौर पर अँग्रेज़ी भाषा का ही व्यवहार हुआ करता था। स्वयं जवाहरलाल नेहरू की भी हिन्दी के प्रति भूमिका उत्साहवर्धक नहीं थी। इस परिस्थिति में आप हिन्दी के प्रति डॉ. लोहिया के अवदान को किस तरह देखते हैं।

डॉ. साहब ने लोकसभा में हिन्दी में बोल कर अँग्रेज़ी का वर्चस्व अचानक ख़त्म कर दिया था। अँग्रेज़ी न जाननेवाले संसद सदस्यों को जो तब तक चुप बैठे रहते थे, अचानक बोलने का अधिकार मिल गया। उस समय तक सारे अँग्रेज़ी दैनिक पत्र लोकसभा में हिन्दी में दिये हुए वक्तव्यों को रिपोर्ट नहीं करते थे और हिन्दी के बारे में हमेशा निन्दनीय बातें ही लिखा करते थे। डॉ. लोहिया के 'अँग्रेज़ी हटाओ' आन्दोलन को भी कुछ वीभत्स, कुछ हास्यास्पद बना कर प्रस्तुत किया जाता था। मातृभाषाओं में शिक्षा हो, इस पर भी अँग्रेज़ी के अख़बार निषेधात्मक टिप्पणियाँ किया करते थे। जवाहरलाल नेहरू का इतना प्रभाव था कि उनके विरुद्ध कोई कुछ भी कहे उसका एक शब्द भी नहीं छप पाता था। डॉ. साहब के लोकसभा में एक-दो व्याख्यानों के बाद ही नेहरू का जादू टूट गया। कुछ तो चीन के हमले के बाद से ही टूटने लगा था लेकिन नेहरू जी का दम्भ तब भी नहीं गया था, कम से कम लोकसभा के भीतर वे सांसदों से पहले की

तरह ही व्यवहार करते आ रहे थे। जब डॉ. साहब ने अपना पहला व्याख्यान हिन्दी में दिया तो उस सटीक, तथ्यपरक, तेजस्वी व्याख्यान को अँग्रेज़ी अख़बार नज़रन्दाज़ नहीं कर पाये। पहली बार अँग्रेज़ी अख़बारों ने एक हिन्दी व्याख्यान की विस्तृत रिपोर्टिंग की, उसकी प्रशंसा में वाक्य कहे कि 'ऐसा भाषण पहले कभी नहीं हुआ था।' डॉ. साहब लोकसभा में हमेशा हिन्दी का ही व्यवहार करते थे। इस तरह धीरे-धीरे समाज के ऊँचे तबके में जो अँग्रेज़ी का वर्चस्व बना हुआ था वहाँ हिन्दी को भी स्वीकृति मिलने लगी। हिन्दी के लोगों में भी आत्म सम्मान का भाव बढ़ा और उनमें से बहुत से लोग डॉ. लोहिया से मिलने आने लगे।

> आपकी दृष्टि में स्वतन्त्रता प्राप्ति के पहले और विशेषकर उसके बाद भारतीय राजनीति के नेहरू केन्द्रित होने के क्या कारण हैं? १९४४-४५ तक गांधी का देश की राजनीति पर पर्याप्त प्रभाव था। फिर ऐसा क्यों हुआ कि स्वतन्त्रता प्राप्ति के बाद नेहरू इतने प्रभावशाली होते गये जबकि यह मुझे भी पता है और आपको भी कि उस प्रभाव में न देश की भाषाओं का, न आर्थिक स्थिति का और न देसी संस्थाओं का थोड़ा भी विकास हो सका। बल्कि यह कहना अधिक सही होगा कि नेहरू के प्रभाव में जो सामाजिक संस्थाएँ देश में बनीं, वे अधिकतर पश्चिम की संस्थाओं की अनुगामी ही थीं।

स्वाधीनता आन्दोलन के दौर में ही नेहरू का भारतीय राजनीति में एक 'करिश्मा' बनता गया था। तरह-तरह की बातें जनता में बड़े पैमाने पर प्रचलित थीं जैसे उनकी हैरो के अँग्रेज़ी स्कूल में प्रारम्भिक पढ़ाई, कैम्ब्रिज विश्वविद्यालय में उनकी शिक्षा, भारत में उनके घर में हर प्रकार के अँग्रेज़ी रिवाज़ों का प्रचलन, मोतीलाल नेहरू की अगाध सम्पत्ति, पेरिस में उनके कपड़े धुलने के लिए भेजा जाना, विदेशों से मिलनेवाली पुस्तकों की रायल्टी से ही नेहरू की बहुत बड़ी आय होना, उनके मकान में अखिल भारतीय कांग्रेस कमेटी का केन्द्रीय कार्यालय होना— इस तरह की बातों के प्रचार आदि का उनका 'करिश्मा' बनाने में विशेष योगदान था। ये बातें भारतीय स्वतन्त्रता आन्दोलन में उनके प्रवेश के समय से ही शुरू हो चुकी थीं। नेहरू जी उस समय युवा थे इसलिए

युवा कार्यकर्ता उनकी ओर विशेष रूप से झुकते थे। नेहरू शुरू से ही गांधी के विचारों के स्पष्ट विरोधी थे, इस विरोध की खुली चर्चा नहीं होती थी लेकिन जो युवा आधुनिकतावादी थे और गांधी को कम पसन्द करते थे उनका नेहरू की ओर झुकना स्वाभाविक था। नेहरू भी स्वतन्त्रता आन्दोलन में गांधी जी के एकाधिकार को चुनौती नहीं देते थे। मतभेद के बावजूद वे हर कार्यक्रम में गांधी जी का अनुसरण करते थे। कुछ बड़े नेता जो राष्ट्रीय आन्दोलन में उनके प्रतिद्वन्द्वी हो सकते थे वे किसी न किसी कारण अलग हो गये। उदाहरण के लिए सुभाषचन्द्र बसु ने एक अलग मार्ग चुन लिया। बाद में जब १९४७ में सत्ता का हस्तान्तरण कर रहे एक ओर अँग्रेज़ी राज के लोगों की और दूसरी ओर गांधी जी सहित भारतीय नेतृत्व के प्रमुख लोगों की नेहरू के नाम पर सहमति बन गयी थी। नेहरू के मन में भारत के भविष्य की जो परिकल्पना थी उसके अनुरूप वे इसे पश्चिमी देशों की तरह समृद्ध औद्योगिक राष्ट्र बनाना चाहते थे। उनके अनुसार सोवियत संघ द्वारा अपनाये गये नियोजन के मार्ग से ही भारत का औद्योगिक विकास तेज़ी से हो सकता था। जो बात उन्हें मोटी तरह पता थी और जो बात उन्हें कुछ विशेषज्ञ लोग भी बताया करते थे कि सोवियत रूस ने पंचवर्षीय योजनाओं के ज़रिये ही औद्योगिक क्रान्ति को अपने देश में बहुत तेज़ी से फलीभूत करने में सफलता पायी। ऐसा लगता है कि उनको रूस में कम्यूनिस्ट क्रान्ति होने के पहले क्या स्थिति थी, इस बात का बहुत कम ज्ञान था। सम्भवत: वे नहीं जानते थे कि यूरोप के तरह की औद्योगिक क्रान्ति को रूस में लाने की कोशिश ५०-६० वर्ष पहले ही शुरू हो चुकी थी। वहाँ पॉलिटेकनिक महाविद्यालयों से बड़ी संख्या में इंजीनियर, वैज्ञानिक बन कर तैयार होते रहे थे जिनमें से बहुतों ने क्रान्ति में भाग लिया और बहुतों को सोवियत क्रान्ति के बाद रूस से बाहर जाना पड़ा और उनकी प्रतिभा का उपयोग यूरोप और अमेरिका के सतत औद्योगिक विकास में हुआ। योजना आयोग के गठन में प्रमुख भूमिका भारतीय सांख्यिकी संस्थान (इंडियन इस्टेटिस्टिकल इंस्टीट्यूट) के संस्थापक प्रोफ़ेसर महालनवीस की थी। यह संस्था विश्व में अपने क्षेत्र की जानी-मानी संस्थाओं में थी। प्रोफ़ेसर महालनवीस ने आयोग में सलाह के लिए उस ज़माने के दुनिया के प्रसिद्ध मार्क्सवादी अर्थशास्त्रियों को बुलाया। इनमें जोन राबिन्सन, शार्ल बेतेलहाइम जैसे लोग थे जिनका नाम तो था पर उस समय तक अर्थशास्त्र में उनका

योगदान बहुत कम हो गया था लेकिन कम्युनिज्म समर्थक अन्तर्राष्ट्रीय संस्थाओं में ये लोग बहुत सक्रिय थे। इन लोगों ने सोवियत संघ से थोड़े भ्रमभंग के बाद माओ और चीन की सांस्कृतिक क्रान्ति के समर्थन में पुस्तकें लिखी थीं। चीन की सांस्कृतिक क्रान्ति माओ ने उस समय छेड़ी थी जबकि उसके द्वारा शुरू किये गये खेती के 'कलेक्टिवाइज़ेशन' के कारण बहुत बड़े पैमाने पर हुई भुखमरी और अकाल से चीनी नेताओं के बीच उसकी साख गिर गयी थी और वे माओ की बातें मानने से विरत होने लगे थे। कम्यूनिस्ट पार्टी के भीतर अपना प्रभाव नगण्य हो जाने के बाद अपने प्रभाव को पुनः स्थापित करने के लिए और चीन के अन्य कम्यूनिस्ट नेताओं को नीचा दिखाने के लिए माओ ने पार्टी को एक किनारे करके एक नये आन्दोलन 'सांस्कृतिक क्रान्ति' की शुरुआत की, जिससे और ज़्यादा आर्थिक व सामाजिक अराजकता फैली, लेकिन माओ से असहमत कम्यूनिस्ट नेताओं का प्रभाव कम हो गया। बाद में जब चीन ने अपने कम्युनिज्म का रास्ता एक बार और बदला तो पहले के हर रास्ते को तर्कसम्मत बताते रहनेवाले ये अर्थशास्त्री बार-बार रास्ता बदलते हुए वस्तुतः पागल हो गये। लेकिन भारत सरकार ने तीन पंचवर्षीय योजनाएँ तो इनकी सलाह के अनुसार 'कमांडिंग हाईट्स आफ इकॉनोमी' यानि इस्पात के, उर्वरकों के, बिजली उत्पादन के और दूसरे बड़े कल-कारखाने निर्मित किये जो पता नहीं किस कारण अपनी पूरी क्षमता से कभी भी कार्य नहीं कर पाये। लेकिन जो भी काम नेहरू जी के ज़माने में हुआ वह उसी विचारधारा के अनुसार हुआ जिसके वे शुरू से ही पक्षधर थे, वह गांधी जी के विचारों के प्रतिकूल थी, और भारतीय राष्ट्रीय आन्दोलन ने भी उसे कभी स्वीकार नहीं किया था। नेहरू जी ने जो कार्यक्रम बनाये वे मूलतः सत्ता-हस्तान्तरण के दौरान भारत की ब्रिटिश सरकार से प्राप्त नौकरशाही के जरिये ही कार्यान्वित हुए हालाँकि इस नौकरशाही को कभी भी विकास कार्यक्रमों के कार्यान्वयन की निपुणता नहीं प्राप्त हुई थी। इन योजनाओं के कार्यान्वयन में राजनैतिक दलों और राजनैतिक कार्यकर्ताओं की भूमिका पर ध्यान नहीं दिया गया। इन तमाम योजनाओं के प्रबन्धन या उन्हें फलीभूत करने में भारत की लोकतान्त्रिक संस्थाओं की कोई भूमिका नहीं रही। भारत के राजनीतिक तबके में कभी भी आर्थिक मामलों पर कोई आधिकारिक नीति निर्मात्री शक्ति या क्षमता विकसित नहीं होने दी गयी। राजनैतिक कार्यकर्ताओं

का उपयोग चुनाव जिताने के अस्त्रों के रूप में ही होता रहा।

> क्या आप यह इशारा कर रहे हैं कि भारत में भी सोवियत रूस की तरह ही नौकरशाह (ब्यूरोक्रेटिक) प्रशासन प्रणाली, भले ही छुपे रूप में, नेहरू के नेतृत्व में विकसित हो गयी।

भारत की नौकरशाही अँग्रेज़ों की बनायी थी। उसे एक गुलाम देश को काबू में रखने के तरीकों का अभ्यास था, उसके कार्यों में कोई पारदर्शिता नहीं होती थी। लोकतन्त्र के अनुरूप कोई नया प्रबन्धन विकसित हो, इसके सारे प्रयासों को शुरू में ही कुंठित करके नेहरू पुरानी नौकरशाही के ही कायल बने रहे और उसी के अधिकारों में वृद्धि करते रहे। धीरे-धीरे उसमें तकनीकी नौकरशाही को भी जोड़ा गया। आधुनिक औद्योगिक समाजों में प्रबन्ध के लिए नौकरशाही बहुत सारे अधिकार भी स्वयमेव ग्रहण कर लेती है। इस तरह उसके पास समाज के संचालन का पूरा अधिकार आ जाता है। भारतीय नागरिकों को १९४७ में जो अधिकार मिल जाने चाहिए थे, उनके लिए इक्कीसवीं सदी के प्रारम्भ में लड़ाई लड़नी पड़ रही है। लेकिन सबसे दुख की बात यह रही है कि तथाकथित विरोधी दलों का नेतृत्व भी उसी विचार परिधि के भीतर ही घूमता था जो नेहरू की विचार परिधि थी। आज भी सारी विरोधी पार्टियाँ केवल भ्रष्टाचार विरोध, अल्पसंख्यक समर्थन, आरक्षण, कार्यान्वयन की त्रुटियों आदि मुद्दे ही उठा पाती हैं।

कहा जा सकता है कि बीसवीं सदी के पूर्वार्ध में जिस तरह की प्रवृतियाँ भारतीय चित्त को आच्छादित करने लगीं, उन्हीं की वर्चस्वता आज तक बनी हुई है। हर विरोधी दल जब अपनी या साझा सरकार बनाता है तो वह पूर्णत: ब्रिटिश-नेहरू काल में सर्व शक्तिमान हुई नौकरशाही पर ही निर्भर होता है और उसके द्वारा पहले से बन कर चली आ रही जल, बाँध, बिजली योजनाओं का शिलान्यास या उद्‌घाटन करता रहता है। भारत के राजनीतिक वर्ग में जो लोग प्रभावी हैं उनको शिक्षा, विद्या, संस्कृति, साहित्य, कला आदि किसी भी क्षेत्र के श्रेष्ठ मानदण्डों की कोई जानकारी नहीं है। फलत: हर वर्ष शिक्षा के क्षेत्र में विभिन्न मदों में निवेश बढ़ते रहने के बावजूद भारतवर्ष दुनिया के उन देशों में है जहाँ साक्षर होने के

बाद भी बड़ी आबादी अशिक्षित ही रहती है। भारतवर्ष में ज्ञान के विकास में तथाकथित शिक्षित वर्ग का योगदान नगण्य है। सम्भवत: भारतवर्ष में शिक्षा का स्तर दुनिया के पिछड़े से पिछड़े देश की तुलना में भी पिछड़ा हुआ है। प्राथमिक शिक्षा जिस तरह विद्यार्थियों को शिक्षित करने के बजाय शिक्षाविहीन बनाती है वह तो इस धरती के लिए बेमिसाल है। अज्ञान के इस अपरिमित विकास का बड़ा कारण यहाँ अँग्रेज़ी भाषा को मिला स्थान और हर एक को घटिया अँग्रेज़ी सीखने के लिए बाध्य किया जाना है।

लेकिन समाज को चलाने की इस प्रणाली का कोई भी सम्बन्ध पारम्परिक भारतीय समाज के स्वभाव से मेल नहीं खाता। भारत में समाज एक हद तक स्वचालित इकाई के रूप में कार्य करता रहा है।

आपकी बात सही है लेकिन अँग्रेज़ों ने भारत से जाते समय 'ट्रांसफर ऑफ़ पावर' (सत्तान्तरण) के दौरान नौकरशाही के अधिकारों को सुरक्षित रखने की शर्त रखी थी और उसे भारतीय नेताओं ने स्वेच्छा से स्वीकार किया था। नेहरू पहले भी जब कांग्रेस की बैठकों में भाग लेने दिल्ली आते थे तो वे अपने परिवार के उन लोगों के साथ ही ठहरते थे जो नौकरशाही में थे। उन्हीं से वे सलाह लिया करते थे, उन्हीं के दिखाये मार्ग पर चलते थे, ऐसा बी.के. नेहरू आदि के बाद में प्रकाशित संस्मरणों से पता चलता है। हिन्दुस्तान में नौकरशाही का प्राधान्य राजनैतिक कार्यकर्ताओं की भूमिका को दरकिनार करके, प्राविधिक या दूसरे किसी भी तरह के प्रबन्धन को विकसित होने से रोकने के लिए और पंचायती राज का नाम लेते हुए भी, पंचायती राज को शक्तिहीन बनाये रखने के लिए हुआ है। पंचायती राज को नौकरशाही के इस कदर अधीन कर दिया गया है कि सारे अधिकार 'ज़िलाधीशों' के पास केन्द्रित होते हैं और वे ग्राम पंचायतों आदि को निचली नौकरशाही से इच्छा अनुरूप टिप्पणियाँ लिखवा करके मुअत्तिल कर देते हैं।

नौकरशाही के प्राधान्य की यह व्यवस्था सामान्य तौर पर यूरोप में और विशिष्ट तौर पर सोवियत रूस में प्रचलित थी। शायद हम

कह सकते हैं कि पण्डित नेहरू ने भारत में भी धीरे-धीरे सोवियत रूस का यह मॉडल धीरे-धीरे लागू कर दिया।

इस बात को आप कई रूपों में कह सकते हैं। उस मॉडल के प्रति उनके प्रशंसात्मक भाव हमेशा से थे। कोमिनटर्न ने और बाद में सोवियत संघ की अन्य संस्थाओं ने सोवियत हितों के पोषण के लिए तमाम अन्तर्राष्ट्रीय संस्थाएँ बनायी थीं जिनमें वे तमाम क्षेत्रों में विख्यात हुए लोगों को विशेष तौर से जोड़ते थे। इस तरह से दुनिया के कुछ विख्यात कवि, लेखक, दार्शनिक, पत्रकार, वैज्ञानिक आदि इन संस्थाओं से जुड़ जाते थे। जवाहरलाल नेहरू ऐसे विख्यात लोगों के साथ मित्रता बनाने को बहुत श्रेयस्कर मानते थे। उन्होंने रजनी पामदत्तन को, जो बहुत दिनों तक ब्रिटिश कम्यूनिस्ट पार्टी के सर्वेसर्वा रहे थे, आश्वासन दिया था कि वे भारत में कम्यूनिस्टों की देखभाल करते रहेंगे। ऐसा कुछ दिनों पहले कोमिनटर्न के अभिलेखागार खुलने पर पता चला है। नियोजन में सहायता देने के लिए जो अर्थशास्त्री बुलाये गये उनकी भी ख्याति वामपन्थी होने के कारण ही ज़्यादा थी। इस सबको देखते हुए उनकी सोवियत मॉडल के प्रति प्रतिबद्धता के विषय में आश्चर्य नहीं होता।

आप की दृष्टि में ऐसा होने से स्वातन्त्र्योत्तर भारत की संस्कृति पर क्या असर पड़ा?

बहुत दिनों से हिन्दी के लेखक निम्न-मध्यवर्ग से आते थे। उन्नीसवीं शताब्दी में देसी रियासतों के लोगों, उनके श्रीमन्तों और धनिक वर्ग में भी भारतीय भाषाओं के प्रति ममता थी। उन्हें सुसंस्कृत बनने के लिए बहुत दिनों तक हिन्दी साहित्य ही उपयुक्त मार्ग लगा। निम्न-मध्यवर्ग के लोग ज़्यादातर भारतीय भाषाओं में लिखते थे। अँग्रेज़ी शिक्षा बढ़ने के कारण उन पर पश्चिम में लिखे जा रहे साहित्य का दबाव धीरे-धीरे बढ़ने लगा। पश्चिमी साहित्यों ख़ास कर अँग्रेज़ी साहित्य का अध्ययन किया जाता था, उसकी चर्चा की जाती थी लेकिन भारतीय परम्परा में लिखे गये को पढ़ने की आवश्यकता तब तक विवाद का विषय नहीं थी। अँग्रेज़ी शिक्षा का प्रसार बढ़ने पर ख़ास तौर पर स्वतन्त्रता के बाद तो पूरे के पूरे सांस्कृतिक क्षेत्र ने पश्चिम की संस्कृतियों का वर्चस्व स्वीकार कर

लिया और वह उसी की छाँव में फलने-फूलने लगा। मूल भारतीय चिन्तन, भारतीय जनता के आचार-विचार और सरोकार को पिछड़ेपन के प्रतीक के रूप में किनारे कर दिया गया, उसे परम्परा का, कट्टरवादिता का, पर्याय बता कर लाँछित किया जाता रहा। जैसे ही हम लोग अँग्रेज़ी पढ़-लिख कर बड़े होते थे और यदि पुरानी संस्कृति और भाषाई साहित्य, दर्शन और कला रूपों को स्वकीय मानते भी थे तो भी अपनी चिन्तन धाराओं से हमारा जीवन्त सम्बन्ध ख़त्म हो गया। इस प्रक्रिया में भारत में कोई मौलिक विद्वत्ता, उच्च कोटि की सृजनशीलता, अपने जीवन और अपने समाज की समस्याओं से निपटने की प्रक्रिया में प्रसूत होनेवाली विचारशीलता की संस्कृति विकसित नहीं होने दी गयी।

औपनिवेशिक चित्त पर स्वामी देश का ही अधिकार होता है, स्वामी देशों के ही मानदण्ड प्रामाणिक मानदण्ड लगते हैं, अपनी संस्कृति की हर बात प्राय: दिखती ही नहीं, उसकी उपस्थिति अत्यन्त गौण हो जाती है। भारत में बढ़ी उच्च शिक्षा से एक अत्यन्त छिछले ढंग की संस्कृति विकसित हो गयी क्योंकि इस शिक्षा में किसी भी विद्या, कला, विचारशीलता के गहरे मानदण्ड बन नहीं पाये, श्रेष्ठता के कोई स्तर शुरू में रहे भी हों, धीरे-धीरे उसमें भी गिरावट आती रही और अब तो वह शिक्षा-व्यवस्था इतनी जर्जर हो गयी है कि वह जितनी ही बढ़ रही है उतना ही अविद्या को फैला रही है। अँग्रेज़ों के समय की शिक्षा-नीति को बदलने में भारतीय समाज अपने को अक्षम मानने लगा। उस शिक्षा में कुछ सुधार करने, कुछ नयी बातें जोड़ने के लिए पश्चिम से ही विशेषज्ञों की टोलियाँ आमन्त्रित की जाती रहीं। ऐसे वातावरण में कोई स्वतन्त्र वैचारिक आन्दोलन कैसे पनपता? जो भी आन्दोलन भारतीय विद्या-क्षेत्रों में बनते हैं, वे पश्चिम में हर दस साल में उठनेवाले नये फैशनों को दोहराते हैं। एकेडेमिक दुनिया के ये फैशन (जो इंग्लैण्ड और अमेरिका में फ्रांस और जर्मनी की नयी प्रवृतियों के प्रभाव से वहाँ गढ़ी जा रही नयी शब्दावलियों को अपनाते हुए पैदा होते हैं) वैचारिक आन्दोलन कहलाते हैं। इन्हीं वैचारिक आन्दोलनों में मार्क्सवाद भी तरह-तरह के वेष बदलता रहता है और भारत में तरह-तरह के वेषों में आयातित होता रहता है। इनके नये प्रशंसक और अभ्यासकर्ता बनते रहते हैं, यह विडम्बना ही है कि इक्कीसवीं शती में भी विद्या के क्षेत्र (और अन्य क्षेत्रों

में भी) भारत में लोग मार्क्सवाद को अपना कर गर्वित महसूस करें।

> इस सब में आप नेहरूवादी आदर्श को मानने के आग्रह का कितना हाथ देखते हैं। मैंने इप्टा का घोषणा–पत्र पढ़ा है, उसमें यह साफ़ लगता है कि वह सोवियत रूस के राजनैतिक मत को ही प्रस्तावित कर रहा है। भारत सरकार ने भी जिन सांस्कृतिक संगठनों को समर्थन दिया उनमें से अधिकांश वाम राजनीति को ही माननेवाले थे।

१८वीं शताब्दी के मध्य से जब हिन्दुस्तान के कलकत्ता या बम्बई जैसे शहरों में अँग्रेज़ी जाननेवाले बढ़ने लगे, अँग्रेज़ी ढंग की शिक्षा शुरू हुई और उस ढंग के साहित्य का अध्ययन किया जाने लगा, वहाँ के दार्शनिकों का अध्ययन और उन पर बातचीत की जाने लगी और उनसे प्रभावित हो कर भारत में भी उस प्रकार की चीज़ें करने की कोशिशें होने लगीं, तब से ही अँग्रेज़ी जाननेवाले भारतीयों का मन बदलना शुरू हो गया। भारतीय सोच उनके ध्यान क्षेत्र से परे हो गयी। (हालाँकि कुछ ऐसे लोग भी हुए जो अँग्रेज़ी की रोशनी में परम्परागत साहित्य, संस्कार और प्रथाओं को महत्त्वपूर्ण समझ कर उनके पक्ष में तर्क देते थे)। पश्चिम में भी रेनेसाँ के बाद आये ज्ञानोदय में और औद्योगिक क्रान्ति की सफलता के कारण एक नयी वैज्ञानिकता को वर्चस्व प्राप्त हो गया जिसके कारण स्वयं पश्चिम की पहले की वैज्ञानिक धाराएँ, दार्शनिक चिन्तन और लोक परिपाटियाँ विलुप्त होने लगीं और सारी पश्चिमी सरकारें एक तरह के 'पॉज़िटिविस्ट', 'साइंटिसिस्ट', 'रिडक्शनिस्ट', यान्त्रिक विचार का प्रसार करने और उसी के लिए साधन प्रदान करने में लग गयीं। पश्चिम के 'ज्ञानोदय' (एनलाइटेनमेंट) ने ही मार्क्सवाद, साम्यवाद और सोवियत रूस की नौकरशाह तानाशाही और सर्वग्रासी आर्थिक दृष्टि को जन्म दिया। अँग्रेज़ी शिक्षा को स्वीकार करने के बाद हमारे देश की जो मानसिकता तैयार हुई, वह पश्चिम की हर चीज़ को और उसके अभिन्न अंग सोवियत मॉडल को अपनाने के लिए अत्यन्त उर्वर थी। अक्टूबर क्रान्ति के बाद भारतीय भाषाओं में उस पर कुछ पुस्तकें, कुछ पैम्फ़लेट लिखे गये, पत्रिकाओं में लेख लिखे गये और यहाँ के तमाम समाचारपत्रों में उस पर सम्पादकीय भी लिखे गये। वे सारी चीज़ें स्वागतपूर्ण थीं और चूंकि सब कुछ दूर से

सुनी हुई ख़बरों के आधार पर था, क्रान्ति के तीन-चार महीनों में चलती रही उठापटक, जय-पराजय और उसमें हुए तरह-तरह के अन्तर्संघर्ष भारत में लोगों को नहीं ही मालूम थे, उसकी किसी तरह की प्रामाणिक जानकारी भारत के पढ़े-लिखे लोगों के पास नहीं थी। उसकी आलोचना करने का भी कोई आधार नहीं था। जिन्होंने मार्क्स और लेनिन पर पैम्फ़्लेट लिखे उन्होंने मेजिनी और गैरिबाल्डी के भी जीवन चरित्र लिखे। भारत के राष्ट्रीय आन्दोलन के नेताओं को जैसे लगता था कि यह सब कोई दूर की बातें हैं, उसकी स्तुति हो या निन्दा कोई फ़र्क़ नहीं पड़ता। एकाध जगह तो साम्यवाद के विषय में गांधी जी की आलोचनात्मक राय मिलती है पर सोवियत रूस के विषय में प्रशंसात्मक बातें भी मिल जाती हैं।

> ऐसा क्यों है कि स्तालिन के नेतृत्व में सोवियत रूस में होनेवाली भयावह घटनाओं की चेतना भारतीय भाषाओं के साहित्य में आठवें दशक तक बहुत हद तक नज़र नहीं आती। ये सूचनाएँ फ्रांस, इंग्लैण्ड और उनके आसपास के देशों में तो बहुत पहले फैल चुकी थीं।

ऐसी जानकारी जो आपके मन में उतर कर आपके विचारों को बदलने की सामर्थ्य रखती हो, भारतवर्ष के नेतृवर्ग तक नहीं पहुँचती थी। वह पुस्तकों में या अख़बार में ख़बर के रूप में पढ़ी जा कर वहीं प्रभाव-शून्य हो जाती थी। उसका प्रभाव अन्तर्जीवन में नहीं आता था। बहुत बार लोग उस जानकारी को पा कर भी उसे दरकिनार कर देते थे, उसे अपने सोच का अंग नहीं बनाते थे। क्योंकि उनमें कोई अभाव था जिसके कारण उनकी नैतिक क्षमता जाग्रत नहीं होती थी। आप यह भी नहीं कह सकते कि वह जानकारी उस ज़माने में हिन्दुस्तान में बड़े पैमाने पर प्रचलित थी। बहुत कम लोगों को वह जानकारी थी। वे पुस्तकें जिनमें चीन और रूस के भयंकर अकालों, कुलकों की बड़े पैमाने पर की गयी हत्याओं, यूक्रेन के भीषण मनुष्यजनित दुश्काल, कम्यूनिस्ट पार्टी के भीतर के बड़े पदाधिकारियों को झूठे आरोपों पर मृत्युदण्ड (स्तालिन से मतभेद रखने की सम्भावनावाले सभी कम्यूनिस्ट नेताओं ने शर्मनाक आत्मस्वीकृतियाँ लिखीं उसके बाद ही उनका मृत्युदण्ड कार्यान्वित हुआ)—ये सब ख़बरें ज़रूर मालूम रही होंगी। कम से कम भारत के कुछ त्रातस्कीवादी क्षेत्रों में

इन ख़बरों पर चर्चा होती थी। भारतवर्ष में ये बातें १९५० के बाद शुरू हुए शीतयुद्ध के बाद ही बड़े पैमाने पर प्रचारित होने लगीं। जैसा कि पहले कहा कम्यूनिस्ट लोग हर बात को सी.आई.ए. का प्रोपेगेंडा बता कर दरकिनार कर देते थे। ईसा की २१वीं शताब्दी में जब कम्यूनिस्ट इण्टरनेशनल और सोवियत रूस राज्य के अभिलेखागार खुले तब पता चल रहा है कि तथाकथित शीतयुद्ध का साहित्य जिसमें सोवियत रूस में होनेवाले बर्बर हत्याकाण्डों और अत्याचारों के विषय में जो लिखा गया था वह तो बहुत कम बातें बतला पाया था। इन अभिलेखागारों के ज़रिये दहला देनेवाली सामग्री प्रकट हो रही है, लेकिन अभी भी भारतवर्ष में इस जानकारी का बौद्धिक और राजनीतिक क्षेत्रों में कोई असर नहीं दीख रहा है। यूरोप की सभी कम्यूनिस्ट पार्टियों ने अपने को १९९१ में भंग कर दिया। लोग अपने कम्यूनिस्ट अतीत पर शर्म करने लगे। लेकिन यहाँ आज भी मार्क्सवादी पार्टियाँ काम कर रही हैं, माओवादी पार्टियाँ काम कर रही हैं, और उनको सरकार के द्वारा, पत्रकारिता के द्वारा और अन्य राजनीतिक पार्टियों के द्वारा वैधता प्राप्त है, उनके समर्थन से सरकार चलायी जा सकती है, उनके साथ मिल कर चुनाव लड़ा जा सकता है। साहित्य और विचारों के क्षेत्र में बहुत सारे लोग अपने को मार्क्सवादी कहते हैं। बहुत से इतिहासकार, कई समाजशास्त्री, और साहित्यकारों के तमाम गिरोह मार्क्सवादी कहलाते हैं। उन्हें भारतवर्ष के उच्च विद्या संस्थानों में प्रधानता मिली हुई है। दुख की बात है कि भारतवर्ष के इतने बड़े वर्ग की इन सबकी नैतिक दृष्टि इस तरह क्षीण हो गयी है कि उनके चिन्तन में २०वीं सदी की विभीषिकाओं का ज्ञान सुषुप्त है।

> सोवियत रूस ने अपने समर्थन का विस्तार तरह-तरह के उपक्रमों के सहारे किया था। वे एकबारगी ख़त्म तो हो नहीं सकते थे, शायद इसीलिए आज भी इस क़िस्म के विचार किसी हद तक प्रचार में बने हुए हों।

अपनी वैदेशिक नीति और हितों को बढ़ावा देने के लिए सोवियत रूस ने कुछ व्यवस्थाएँ विकसित कीं, उसी के तहत उन्होंने कोमिनटर्न (कम्यूनिस्ट इण्टरनेशनल) बनाया, उसके ज़रिये अनेक देशों में, भारत में भी कम्यूनिस्ट पार्टियों की स्थापना करवाई। फ्रांस, चीन, इंग्लैण्ड आदि देशों में भी यही

हुआ। चीन में भी सोवियत दूतावास ने उपयुक्त लोगों को चुन कर, उन्हें चेक भेजा ताकि वे कम्यूनिस्ट पाटी की स्थापना सम्मेलन में भाग ले सकें, इन्हीं लोगों में श्री माओ त्सेतुंग भी थे।

कोमिनटर्न ने विभिन्न देशों में कम्यूनिस्ट पार्टियों की स्थापना करवाने के साथ ही विविध क्षेत्रों में ख्याति प्राप्त कर रहे लोगों को भी सोवियत हितों के साथ जोड़ने की नीति बनायी। इसके लिए अन्तर्राष्ट्रीय स्तर पर तरह-तरह के संगठन बनाये। शुरू में फासिस्ट विरोध के नाम से अनेक अन्तर्राष्ट्रीय सम्मेलन हुए जिनमें कुछ भारतीयों ने भी भाग लिया, इनमें से एक जवाहरलाल नेहरू भी थे। इसके बाद लेखकों के संगठन बने, नाट्यकर्मियों के संगठन बने, 'शान्ति' चाहनेवालों के संगठन बने, प्रगतिशील युवाओं और महिलाओं के संगठन बने, क़ानूनदा लोगों और धर्माचार्यों के भी अन्तर्राष्ट्रीय संगठन बने। इन सबके सालाना जलसे होते थे और इनमें भाग लेने के लिए भारतवर्ष से बड़ी संख्या में 'फ़ेलोट्रेवलर' लोग जाते थे। इन सब संगठनों की शाखाएँ भारत में खुली हुई थीं।

सोवियत लेखक यूनियन के उन लोगों ने जिनको विदेशों में यात्रा करने की अनुमति थी, ग्रेट ब्रिटेन की कम्यूनिस्ट पार्टी के साथ १९३३-३४ में लेखकों के संगठन बनाने की बातचीत की थी। इंग्लैण्ड में इस तरह का संगठन धीरे-धीरे खड़ा हो गया। उस समय तक ब्रिटिश समाज के उच्च वर्ग में अनेक लोग सोवियत गुप्तचर संस्था एन.के.वी.डी., बाद में के.जी.बी. के सदस्य बन चुके थे। आक्सफोर्ड और कैम्ब्रिज के.जी.बी. के लिए बड़े भर्ती केन्द्र थे। पाँचवें और छठे दशक में इनमें से कुछ के नाम खुल कर सामने आये। इनमें से कुछ लोग सांस्कृतिक जीवन में भी सक्रिय थे। ब्रिटेन में कई भारतीय जो मूलत: शिक्षा प्राप्त करने वहाँ गये थे, उन्हें लंदन में अँग्रेज़ी में लिखने और प्रकाशन के अवसर मिलने लगे। उनमें से एक श्री मुल्कराज आनन्द थे। उनके अलावा उस समय लंदन में श्री सज्जाद ज़हीर भी थे जो कभी-कभी उर्दू में लिखते थे। कोमिनटर्न के भारत सम्बन्धी कार्यों को तब तक ब्रिटिश कम्यूनिस्ट पार्टी देखने लगी थी। ब्रिटिश कम्यूनिस्ट पार्टी के लोगों ने मुल्कराज आनन्द, सज्जाद ज़हीर और कुछ अन्य लोगों से भारत में एक ऐसा लेखक संघ बनाने की बात की जो सोवियत लेखक संघ के अन्तर्राष्ट्रीय निर्देशों और कोमिनटर्न द्वारा बनायी हुई नीतियों पर चले और पूर्णतया सोवियत यूनियन का

पक्षधर हो। स्थानीय कम्यूनिस्ट पार्टियों को भी इस लेखक संघ की सहायता करने के निर्देश दिये गये थे।

सबसे पहले श्री मुल्कराज आनन्द भारतवर्ष के दौरे पर आये और कलकत्ता, दिल्ली, लाहौर, बम्बई आदि जा कर वहाँ के लेखकों से प्रगतिशील लेखक संघ में शामिल होने की बात की। अज्ञेय जी के अपने कलकत्ता प्रवासकाल के एक विवरण में बंगाल के बौद्धिक कवि-लेखक श्री सुधीन्द्रनाथ दत्त से मिलने आये मुल्कराज आनन्द द्वारा इस विषय में बातचीत किये जाने का उल्लेख है। श्री सुधीन्द्रनाथ दत्त उदार कलाप्रेमी थे और उन्होंने मुल्कराज आनन्द के मन्तव्यों पर अनेक सन्देह प्रकट किये। वात्स्यायन जी के अनुसार श्री दत्त प्रगतिशील लेखक संघ में शामिल होने के लिए तैयार तो हो गये लेकिन श्री मुल्कराज आनन्द की बातचीत को उन्होंने बहुत गम्भीरता से नहीं लिया। श्री सज्जाद ज़हीर भी इसके बाद भारतवर्ष आये और दिल्ली में श्री अहमद अली और लाहौर के पास श्री फैज़ अहमद फैज़ आदि से मिले। लखनऊ और इलाहाबाद में भी उन्होंने लोगों से बातचीत की। शुरू में संस्था की रूप-रेखा बनाने में अँग्रेज़ी उपन्यास लेखक अहमद अली की महत्त्वपूर्ण भूमिका थी, लेकिन बकौल उनके वे मार्क्सवादी या कम्यूनिस्ट नहीं थे इसलिए धीरे से उनको अलग कर दिया गया। साहित्यकारों के संगठन के नाम पर प्रेमचन्द आदि अनेकों लोगों को प्रगतिशील लेखकों के सम्मेलन में भाग लेने से कोई आपत्ति नहीं हुई। क्योंकि उनको उतना ही मालूम था जितना बताया गया था। जिस तरह भारत के अन्य क्षेत्रों के नेतृवर्ग में किसी भी विषय के सारे पहलुओं को जाने बिना, अपनी भागीदारी के सारे फलितार्थों को समझे बिना हर चीज़ में भाग लेने की तत्परता बन जाती है, उसी तरह बहुत से साहित्यकारों ने प्रगतिशील लेखक संघ के मूल उद्देश्यों की जानकारी प्राप्त करने की चिन्ता नहीं की (और ये उद्देश्य तो गोपनीय ही रखे गये थे) लोग उसमें बिना समझे हिस्सेदारी करने लगे। सम्भवत: श्री अज्ञेय जी भी प्रगतिशील लेखक संघ में शामिल हो गये थे, उन्होंने एक फासिस्ट विरोधी सम्मेलन तो आयोजित ही किया था। बाद में उनके रायवादी होने के कारण कम्यूनिस्टों को उन्हें फासिस्ट कहने, अमरीकी एजेंट कहने, सी.आई.ए. का एजेंट कहने से कोई गुरेज नहीं हुआ। क्योंकि कम्यूनिस्टों या प्रगतिशीलों को सोवियत हितों से तनिक भी विचलन

उनके स्थापना दर्शन के विपरीत था, वे इसे केवल मतभेद ही नहीं मानते थे, इसे 'शत्रुता' का स्थान देते थे।

भारतवर्ष में सोवियत हितों के परिवर्धन के लिए प्रगतिशील लेखक संघ के अलावा भी कम्यूनिस्ट पार्टी के अनेक 'फ्रंट' खुले जिनमें से 'जननाट्य संघ' भी एक था। इसके बहुप्रचारित कार्यों का एक उदाहरण देना पर्याप्त होगा। बाद में हुए खोज कार्यों के अनुसार बंगाल के अकाल का सबसे बड़ा कारण यह था कि अँग्रेज़ शासन ने युद्धकाल में वहाँ की सारी उपज को अपने गोदामों में सुरक्षित रख लिया था ताकि भविष्य में आवश्यकता पड़ने पर सेना को दिया जा सके। ब्रिटेन के तत्कालीन युद्धमन्त्री और प्रधानमन्त्री विन्सटन चर्चिल ही बंगाल में रखे हुए अनाज के बारे में कोई निर्णय ले सकते थे। उस समय पूर्वी भारत में ब्रिटिश फ़ौज, अमरीकी फ़ौज और चीनी फ़ौज की अनेक टुकड़ियाँ तैनात थीं। जब बंगाल में लोग भूखों मरने लगे तो कलकत्ता में रहनेवाले समृद्ध लोगों ने जगह-जगह भोजन बना कर खिलाने के लिए सत्र खोल दिये। तब तक बर्मा पर जापानी अधिकार हो चुका था, और नेता जी सुभाषचन्द्र बोस आज़ाद हिन्द फ़ौज बना चुके थे। बर्मा सरकार (तब तक बर्मा में जापान नियुक्त सरकार बन चुकी थी) ने नेता जी सुभाष चन्द्र बोस को अपने पास पड़ा एक लाख टन चावल बंगाल के लिए देने का प्रस्ताव किया जिसे दस-पन्द्रह दिन के अन्दर कलकत्ता पहुँचाया जा सकता था। लेकिन अँग्रेज़ों ने इसकी ख़बर तक भारतवर्ष में नहीं छपने दी। (विदेशों में यह ख़बर बड़े जोरों से छपी) जननाट्य संघ ने अकाल के नाम पर अपनी कई नाट्य टोलियाँ बनायीं और अपने नाटकों में अकाल के लिए बिचौलियों, जमाखोरों (जो उनके अनुसार कलकत्ते के हिन्दीभाषी व्यापारी थे) को दोषी ठहराते रहे। जिन लोगों ने सचमुच हर ज़िले में जमाखोरी कर रखी थी उन अँग्रेज़ों के विरुद्ध वे औपचारिक ही कुछ बोलते थे। युद्ध कार्य के लिए तो कम्यूनिस्ट पार्टी और उसके सारे फ्रंट संगठनों को ब्रिटिश सरकार युद्ध प्रचार के नाम पर धन संसाधन प्रदान कर रही थी। बंगला लेखक श्री अन्नदाशंकर राय उन दिनों पूर्वी बंगाल में एक ज़िले के कलेक्टर थे और उनके पास भी हज़ारों मन अनाज गोदामों में पड़ा हुआ था। उन्होंने अपने उच्च अफ़सरों से उसमें से कुछ राशि भूखों में बाँटने की अनुमति माँगी तो अँग्रेज़ शासकों ने इसकी अनुमति नहीं दी फिर भी उन्होंने कुछ

राहत कार्य का प्रबन्ध किया। बंगाल का सारा अनाज सीधे ब्रिटेन के युद्धकालीन प्रधानमन्त्री विन्सटन चर्चिल के नियन्त्रण में था और वे इसका एक दाना भी बंगाल की सड़कों पर मर रहे भारतीयों पर नहीं ख़र्च होने देना चाहते थे।

प्रगतिशील लेखक संघ के लिए साहित्य के स्थायी मानदण्डों का कोई महत्त्व नहीं था, उनके लिए सोवियत लेखक संघ द्वारा प्रतिपादित यथार्थवाद का ही पूर्णतम महत्त्व था। जो–जैसा भी लेखक–पत्रकार उनके साथ आ गया उसको उन्होंने साहित्यकार बना लिया, उसको मंच प्रदान किया, उसका प्रकाशन किया, उसकी प्रशंसा की और जो भी कम्यूनिस्ट नहीं थे उनकी पेट भर कर निन्दा करना उनका साधारण नियम था। कभी–कभी 'संयुक्त मोर्चा' बनाने के दिन आते थे तो कुछ ग़ैरकम्यूनिस्ट 'फेलोट्रेवलर' उनको आसानी से मिल जाते थे क्योंकि भारतीय लेखकों में कोई ऐसी चेतना नहीं थी जो साहित्य के मोर्चे पर कोई ऐसे सिद्धान्त अपने लिए निरूपित कर सके जिसके आधार पर वह प्रगतिशील लेखक संघ में अपनी हिस्सेदारी का औचित्य प्रतिपादित कर सकें। जब युद्ध कार्य में सहयोग करने का आश्वासन पाने पर अँग्रेज़ सरकार ने कम्यूनिस्ट पार्टी को क़ानूनी स्थिति प्रदान कर दी और अन्तर्राष्ट्रीय स्तर पर मित्र देशों के मन में सोवियत नीयत के बारे में कोई संदेह न हो इस लिए १९४३ में कोमिनटर्न को भी भंग कर दिया गया तो युद्ध के लिए प्रचार कार्य करने के लिए भारत की ब्रिटिश सरकार कम्यूनिस्ट पार्टी को बड़े पैमाने पर आर्थिक सहायता देने लगी। यह सहायता कम्यूनिस्ट पार्टी के सभी फ्रंट संगठनों में बँटती थी। यह कार्य उस समय कम्यूनिस्ट पार्टी के जनरल सेक्रेटरी श्री पी.सी. जोशी स्वयं करते थे। आप जानते होंगे कि बम्बई में कम्यूनिस्ट पार्टी के कार्यालय में ही जनरल सेक्रेटरी का निवास स्थान था, वहाँ उनके साथ सभी सांस्कृतिक फ्रंट पर काम करनेवाले लोगों की टोलियाँ भी रहती थी, उनमें कुछ हिन्दी लेखक भी थे। जननाट्य संघ को कोई नाटक बाहर ले जाने के लिए कामरेड पी.सी. जोशी ही सारे साधन मुहैया कराते थे। युद्धकाल में प्रगतिशील लेखक संघ बहुत सक्रिय रहा। बहुत से प्रगतिशील लोगों ने उन दिनों पत्र–पत्रिकाएँ निकालीं और पुस्तकें प्रकाशित कीं। आपको स्मरण होगा कि युद्धकाल में काग़ज़ का भी राशन था। इंग्लैण्ड में प्रकाशकों की पुस्तकें छापने में कम काग़ज़ ख़र्च हो

इसके लिए बहुत से नियम बन गये थे जो 'युद्धकालीन बुक स्टैंडर्ड' कहलाते थे। सरकार यह भी तय करती थी कि काग़ज़ का 'प्रिंट एरिया' कितना होगा और हर पृष्ठ पर कम से कम कितने शब्द आयेंगे। आपको यह भी स्मरण होगा कि युद्धकाल में 'तार सप्तक' को छापने के लिए काग़ज़ मिलने में बहुत कठिनाई हुई थी। उसके कुछ फार्म छपकर पड़े हुए थे। बाद में श्री अज्ञेय जी ने 'तार सप्तक' की छपाई के लिए काग़ज़ युद्ध प्रचार के लिए मिले काग़ज़ में से प्राप्त किया था। इस तरह 'तार सप्तक' में दो तरह का काग़ज़ लगा था। युद्धकाल में जब अन्य पुस्तकें छप नहीं पा रही थीं तब प्रगतिशील साहित्य को बड़े पैमाने पर छपने का अवसर मिल गया। हिन्दी क्षेत्र में पुस्तकों के प्रसार का कभी कोई आकलन नहीं हुआ है। विश्वविद्यालयों के हिन्दी विभाग आज-कल नये से नये हिन्दी कवि-लेखकों पर शोध करवाने में लगे हुए हैं। भारतवर्ष में शिक्षा के क्षेत्र में, ख़ासतौर पर उत्तर भारत में फैली हुई सड़न की तुलना में हिन्दी विभाग कुछ ज़्यादा ही सड़े हुए हैं। ख़ैर वे इस तरह के शोध भी करवा सकते थे और कुछ प्रामाणिक आँकड़े मिल जाते। लेकिन अन्य स्रोतों के अभाव में आप इस बात से प्रगतिशील साहित्य के प्रचार-प्रसार का कुछ अनुमान लगाइए कि मैंने आपको वर्नाक्यूलर मिडिल स्कूल में अपने दाख़िले की बात बतलायी थी। सुदूर देहात के उस स्कूल के बगल में ही एक प्राइमरी स्कूल भी था। वर्नाक्यूलर मिडिल स्कूल तो ज़िला बोर्ड चलाता था और उसमें कोई पुस्तकालय नहीं था। लेकिन प्राइमरी स्कूल को प्रान्तीय सरकार चलाती थी और उसमें एक बड़ा पुस्तकालय था। इस तरह की विसंगतियों पर आश्चर्य नहीं करना चाहिए। मेरा छोटा भाई इस प्राइमरी स्कूल में पढ़ता था, उसको लेने के लिए मैं अपनी पढ़ाई ख़त्म होने के बाद प्राइमरी स्कूल में चला जाता था। वहाँ आगन्तुकों के बैठने के लिए पुस्तकालय ही एकमात्र जगह थी। उस पुस्तकालय में १९४५ में दस-बारह वर्ष की आयु में पढ़ने के लिए केवल प्रगतिशील साहित्य ही रखा हुआ था। ये सारी किताबें उन पर लगे ठप्पों के अनुसार शिक्षा प्रसार विभाग द्वारा लखनऊ से भेजी गयी थीं। इस पुस्तकालय में रखी प्रगतिशील पुस्तकों से उन दिनों तो कोई निष्कर्ष नहीं निकाल पाया था लेकिन जो स्पष्ट निष्कर्ष है वह यही है कि युद्ध के वर्षों में ब्रिटिश सरकार ने कम्यूनिस्ट पार्टी के साथ-साथ प्रगतिशील लेखक संघ की भी बड़ी सहायता की थी। मेरे प्रमाण के अनुसार लखनऊ में उन दिनों

पचासों प्रगतिशील प्रकाशक बन गये थे, जिन को राशन का काग़ज़ प्राप्त हुआ था और उन्होंने प्रगतिशील लेखकों का महत्त्वहीन प्रचार साहित्य बड़े पैमाने पर छापा था। इस सारे साहित्य को यूपी का शिक्षा प्रसार विभाग ख़रीदता था और सूबे के हर प्राइमरी स्कूल में भेजता था। सम्भवतः म्युनिस्पिल पुस्तकालयों और अन्य पुस्तकालयों में भी यह भेजा जाता रहा हो। उस समय प्रगतिशील लेखकों की जो सूची थी उनमें से कुछ के ही नाम आज प्रगतिशील लेखकों को पता होंगे। उसे मालूम करने के लिए युद्धकाल में प्रकाशित पत्रिकाओं के अंक ढूँढ़ने पड़ेंगे। तब के अपने महत्त्वपूर्ण लेखकों के नाम याद करके आज उनको बहुत शर्म आएगी।

१९९० के दशक में सोवियत संघ के विघटन के बाद पश्चिमी देशों की बड़ी-बड़ी कम्यूनिस्ट पार्टियों ने अपने को भंग कर दिया। कोमिनटर्न द्वारा संचालित तमाम अन्तर्राष्ट्रीय संगठन बन्द हो गये और उसमें विदेशों में काम करनेवाले लोग वापस भारत आ गये। सोवियत रूस से बहुत बड़े पैमाने पर भारतवर्ष में आ कर बेचा जानेवाला साहित्य आना बन्द हो गया। उनको बेचने के लिए हर ज़िले में खुली दुकानें ज़्यादातर बन्द हो गयीं। सोवियत काग़ज़ पर छपनेवाले बहुत से दैनिक और साप्ताहिक समाचार पत्र बन्द हो गये। लेकिन भारतवर्ष में कम्यूनिस्ट पार्टियाँ अभी काम कर रही हैं। मार्क्सवादी-लेनिनवादी विचारधारा का यान्त्रिक उपयोग अभी तक चल रहा है। कम्यूनिस्ट पार्टियों ने केरल-पश्चिम बंगाल-त्रिपुरा में मतदाताओं से वोट डलवाने की मजबूत हिंसक मशीनें बना रखी हैं जिनकी वजह से वहाँ पर कम्यूनिस्टों की सरकारें बनती रहती हैं। काफ़ी सम्पन्न मज़दूर संघों पर उनका अधिकार बना हुआ है इसके अतिरिक्त भारतवर्ष में आतंक फैलाने के लिए चीन की सरकार यहाँ के माओवादी गुटों की हथियार और धन से सहायता करती है। ये संगठन पश्चिमी बंगाल की मुख्यमन्त्री श्रीमती ममता बनर्जी के शब्दों में 'सुपारी हत्यारे' हैं। माओवादियों के भी अनेक फ्रंट संगठन चल रहे हैं। नागरिक स्वतन्त्रता के नाम पर राष्ट्रीय स्तर पर और राज्य सहित स्थानीय स्तरों पर भी बहुत से ऐसे नामवर लोग तैयार हैं जो माओवादियों पर प्रतिबन्धों के लिए न्यायालयों और 'मीडिया चैनलों' में और अन्य मंचों पर जाते हैं। साहित्य के क्षेत्र में भी कई संगठन सक्रिय हैं जो अपने को माओवादी मानते हैं।

ऐसा कैसे हुआ कि हमारे देश के विचारक और सृजनशील लोग इस तरह के 'प्रोपेगेंडा' के शिकार हुए? क्या अँग्रेज़ी शासन के दौरान हमारी अपनी वैचारिक प्रतिरोधक क्षमता पूरी तरह क्षत-विक्षत हो चुकी थी कि इस तरह के विचारों का हम पर इतना असर हुआ।

आपको पहले 'हम' को परिभाषित करना पड़ेगा। मैंने १९६८-६९ में 'औपनिवेशिक मानस' पर एक आलेख लिखा था। मैं इस 'उपधारणा (हाईपॉथिसिस)' पर पहुँचा कि 'औपनिवेशिक मानस' का अँग्रेज़ी भाषा जानने और उसमें किताबें पढ़ने से बहुत गहरा सम्बन्ध है। कुछ ऐसा निष्कर्ष निकला था कि जैसे ही किसी परिवार की दूसरी पीढ़ी अँग्रेज़ी शिक्षा पाती है तो उसका भारतीय परम्परा से सम्बन्ध कुछ कमज़ोर पड़ने लगता है। अँग्रेज़ी में शिक्षा पायी हुई तीसरी पीढ़ी आते-आते परम्परागत सामाजिक-सांस्कृतिक संघटन से उसका सम्बन्ध पूरी तरह से ख़त्म हो जाता है। वह उस तरह के सम्बन्ध के लिए भी अँग्रेज़ी माध्यम से मिलनेवाले ज्ञान-विज्ञान पर निर्भर हो जाती है। भारतवर्ष में बहुत से लोग अभी तक अँग्रेज़ी नहीं जानते। फिर भी अब अँग्रेज़ी का असर बहुत ज़्यादा हो गया है, जो अपढ़ हैं उनके ऊपर भी, जिन्होंने कुछ पढ़-लिख रखा है उनके ऊपर भी और सबसे ज़्यादा तो उन पर ही जो अँग्रेज़ी पढ़े-लिखे हैं। यह मूलहीन पीढ़ी है जिसकी इस समाज में जड़ें छिन्न-विच्छिन्न हो गयी हैं और उसे अपने दूरगामी और दीर्घकालीन हितों की कोई चेतना नहीं है। सरकारों पर जिस भी पार्टी और मूलतः नौकरशाही का कब्जा रहता है, वह इनको अल्पकालिक समाधान बतलाती और देती रहती है। अँग्रेज़ी में गढ़े हुए नारे ही भारत की बोलियों में अनूदित हो कर लगाये जाते हैं। इसलिए आप 'हम लोग' नहीं कह सकते, आपको इसमें फ़र्क़ करना होगा। पहले बहुत से ऐसे लोग थे जो उस प्रभाव से बचे हुए थे। अब यह नहीं कहा जा सकता क्योंकि अब इस तरह के संचार माध्यम हो गये हैं जिनसे सुदूर इलाकों के, पहाड़ों पर या जंगलों के बीच रहनेवाले लोगों तक शहरों के 'हिंगलिशिया' शब्दों और उनमें अन्तर्निहित कुविचारों का संचार प्रसार हो रहा है और अपनी-अपनी क्षमता के मुताबिक वे इन छिछली जीवनशैलियों को सतही तौर पर ग्रहण कर रहे हैं और वैसा ही छिछला जीवन जी रहे हैं। जो लोग आज अपने को मार्क्सवादी या माओवादी

दलों से सम्बद्ध मानते हैं, या मार्क्सवाद का अवलम्ब लिए हुए हैं, उनके वैचारिक छिछलेपन का कोई सानी नहीं है। इनकी वैचारिक गिरावट की तुलना हमारी तमाम विद्याओं की गिरावट से ही की जा सकती है। विद्याओं की गिरावट पहले उत्तर भारत में अधिक थी पर अब वह धीरे-धीरे दक्षिण भारत में भी आ रही है।

आपने हमारी विद्याओं की गिरावट के लिए कुछ कारण गिनाये थे?

अभी पहले हम सोच रहे थे कि हमारे लिए यह प्रश्न पूछना आवश्यक है कि हम कौन हैं? इस प्रश्न का उत्तर जो भी हो आप पाएँगे कि हमारा आत्मज्ञान अब पश्चिम में निर्मित हो रहे ज्ञान से निर्धारित होता है। आज भारतवर्ष के दर्शनों पर भारतीय समाज पर भारतवर्ष के हर काल के इतिहास पर जो कुछ भी महत्त्वपूर्ण शोध हो रहा है, वह अमरीका-इंग्लैण्ड-यूरोप के शिक्षा केन्द्रों और शोध केन्द्रों में हो रहा है। पश्चिम में होनेवाले इस शोध कार्य के साथ कई तरह के पूर्वग्रह जुड़े हुए हैं और पश्चिम में होनेवाले सारे महत्त्वपूर्ण चिन्तन में निहित पूर्वधाराणाएँ ईसाई मान्यताओं में स्थित होती है। (मार्क्सवाद का आधार भी और बहुत सारे अन्य धर्म विरोधी मान्यताओं का आधार भी ईसाइयत में पाया जा सकता है)। भारतवर्ष में होनेवाला सारा शोध कार्य कुछ अपवादों को छोड़ दीजिए, स्तरहीन है। आज हमारा आत्मज्ञान पश्चिम में हो रही शोध के निष्कर्षों पर निर्मित हो रहा है। मतलब अगर पश्चिम के भारत विद्वान यह कहेंगे कि जाति ही भारतीय समाज को परिभाषित करती है, या भारतीय दर्शन का एकमात्र उदाहरण अद्वैत दर्शन ही है, भारतीयों ने एक ऐसे धर्म का निर्माण किया था जिसे हिन्दू नाम दिया जा सकता है और उस धर्म ने पूरे इतिहासकाल में शूद्रों, दलितों, आदिवासियों का दमन कर रखा था और आज भी कर रहा है तो ये सारी बातें हमको स्वीकार हैं। यह सब हमारे आत्मज्ञान के अंग हैं।

भारत विषयक ज्ञान पश्चिम में लगातार निर्मित हो रहे ज्ञान का बहुत छोटा अंश है। हमें यह सोचना चाहिए कि उन देशों में किस स्तर के लोग भारत विषयक शोध कार्य में लगे होंगे। जिस तरह जवाहरलाल नेहरू

विश्वविद्यालय में अभी कुछ दिनों पहले तक जिनको अन्य विभागों में प्रवेश नहीं मिलता था, वे चीनी, रूसी, जापानी या कोई अन्य भाषा सीखने के लिए प्रवेश प्राप्त कर लेते थे। उसी तरह भारतीय विषयों में बाहर शोध करनेवाले अधिकांश लोगों के लिए यह विषय उनका दूसरा या तीसरे स्तर का चुनाव होता है। यदि इनमें से कुछ लोगों में थोड़ी भी सैद्धान्तिक दावेदारी होती है तो वे अपना शोध कार्य मैक्स वेबर, मार्क्स या अन्य सिद्धान्त निर्माताओं के किसी सिद्धान्त को प्रमाणित करने के लिए करते हैं। भारतीय विश्वविद्यालयों के शिक्षकों के लिए या भारतीय ज्ञान में दिलचस्पी रखनेवालों के लिए इस सारे भारत विषयक शोध में जो भी दिलचस्पी हो लेकिन यह सब भ्रान्त और विद्या के मानदण्डों से विच्युत होता है। आज हमारा आत्मज्ञान इन अपविद्याओं के सतही निष्कर्षों पर निर्मित हो रहा है।

आत्मज्ञान के इस सबसे बड़े स्रोत के बाद जब हम अपने साहित्य के विषय में बात करते हैं, तो हमारे ध्यान में कविता, कहानी, आलोचना, नाटक आदि ही रहते हैं। अब हिन्दी में किताबें प्रकाशित होने लगी हैं। लेकिन गम्भीर वैचारिक पुस्तकों के लेखक ही नहीं हैं इसलिए कविता-कथा-आलोचना-साहित्य ही प्रकाशित होता है। वह भी बाज़ार के आकार को देखते हुए बहुत कम संख्या में प्रकाशित होता है। यदि हम कुछ ऐसी बातों पर ध्यान दें कि मुद्रित किताबों का प्रसार कैसे हुआ करता है, वे पाठकों तक पहुँचती भी हैं या नहीं? यहाँ पर प्रकाशन की स्थिति को समझने के लिए हमें ज़रा पीछे लौटना पड़ेगा।

विद्या की गिरावट का प्रकाशन में गिरावट से बहुत घनिष्ठ सम्बन्ध है। पूरी दुनिया में पाठ्य-पुस्तकें प्रकाशन उद्योग का सबसे महत्त्वपूर्ण भाग हुआ करती हैं। उच्चकोटि के वैचारिक और सृजनात्मक लेखन का प्रकाशन यदि सुरुचिपूर्ण ढंग से हो और उनका विस्तृत वितरण भी हो तब भी वह हमेशा घाटे का ही सौदा होता है। ज़्यादातर प्रकाशक जो ९० प्रतिशत चीज़ें छापते हैं उनमें उनको घाटा होता है। लेकिन बचे हुए १० प्रतिशत के प्रकाशन से उन्हें इतना लाभ हो जाता है कि वे अपने घाटे को सह सकते हैं। इस १० प्रतिशत में बहुत बड़ी संख्या पाठ्य पुस्तकों की होती है। शेष अंश डिक्शनरी, धार्मिक पुस्तकों और तेज़ बिकनेवाली (बेस्ट सेलर) पुस्तकों आदि का होता है।

भारतवर्ष के स्वतन्त्र होने तक देश के सारे बड़े प्रकाशक मूलत: पाठ्य पुस्तकों के प्रकाशक थे। १९वीं सदी के मध्य में कानपुर में नवल किशोर प्रेस की स्थापना हुई थी। बाद में वे लखनऊ आ गये। वे दुनिया के उर्दू, फ़ारसी और अरबी के सबसे बड़े प्रकाशकों में थे। अरब देशों, मिस्र और ईरान में भी भारत से छप कर पुस्तकें जाया करती थीं। उन्होंने हिन्दी में भी बहुत सारे ग्रन्थ छापे। उनका एक विभाग धार्मिक ग्रन्थों का था। उन्होंने तुलसीदास की सारी पुस्तकों के संस्करण और उनके अनुवाद छापे, रीतिकाल का बहुत सारा साहित्य प्रकाशित किया, 'भक्तमाल' का प्रकाशन किया, वाज़िद अली शाह के लिखे नाटक 'इन्दरसभा' से लेकर अलिफ लैला और गुलबकावली के संस्करण, ब्रज भाषा काव्य के बहुत सारे संग्रह ग्रन्थ भी उन्होंने छापे थे। साथ ही उनके द्वारा प्रकाशित पाठ्य पुस्तकें अनेक राज्यों में पढ़ायी जाती थीं। इस बड़ी सूची के बल पर ही १९२० के दशक में महत्त्व प्राप्त करनेवाले लेखकों की बहुत-सी साहित्यिक पुस्तकें उन्होंने हिन्दी में प्रकाशित करना शुरू किया। इनमें प्रेमचन्द, सूर्यकान्त त्रिपाठी निराला, रूपनारायण पाण्डेय आदि की पुस्तकें थीं। उनके द्वारा प्रकाशित मासिक 'माधुरी' अनेक दशकों तक हिन्दी की सर्वश्रेष्ठ पत्रिका रही। यह साहित्यिक प्रकाशन घाटे का कार्य था। लेकिन सदाबहार पुस्तकों और पाठ्य पुस्तकों से जो लाभ होता था उससे साहित्य प्रकाशन के धर्म का भी निर्वाह हो जाता था। यही स्थिति इलाहाबाद के इंडियन प्रेस (मासिक सरस्वती और पन्त, निराला आदि के प्रारम्भिक प्रकाशक) वहीं के लाला रामनारायण लाल, अलीगढ़-आगरा के शिवप्रसाद अग्रवाल एंड संस, लहरिया सराय, दरभंगा के पुस्तक भंडार और जबलपुर के मिश्रबंधु कार्यालय की थी। कलकत्ता से लेकर अजमेर तक ऐसे तमाम हिन्दी प्रकाशक रहे होंगे जो पाठ्य पुस्तकें छापते थे, साथ ही हिन्दी वाङ्मय को समृद्ध करनेवाला साहित्य भी छापते थे।

हिन्दी जगत का कभी इस बात की ओर ध्यान नहीं गया कि स्वतन्त्रता के बाद धीरे-धीरे हिन्दी क्षेत्र की सारी बड़ी प्रकाशन संस्थाएँ बन्द हो गयीं। साहित्य के प्रसार-प्रचार को प्रभावित करनेवाली, प्रकाशन संस्था के स्थायित्व का निषेध करनेवाली इतनी बड़ी घटना जिसका चिन्तन और लेखन, दोनों पर बहुत असर हुआ, उस पर हिन्दी लेखन जगत में विचार करने की कोई आवश्यकता नहीं समझी। आज नवल किशोर प्रेस के

खण्डहर ही शेष हैं, इंडियन प्रेस की पुरानी बनी इमारत के एक भाग में केवल प्रेस ही चल रहा है और कोई प्रकाशन तो ख़ैर होता ही नहीं। हिन्दी जगत की सारी बड़ी प्रकाशन संस्थाएँ स्वतन्त्र भारत में पाठ्य-पुस्तकों के राष्ट्रीयकरण के बाद एक-एक कर बन्द हो गयीं और इस पर हमारा ध्यान भी नहीं गया। इसके कारणों और परिणामों क़ो समझने की हमने कोई कोशिश नहीं की। एक तो लेखकों की निगाह में प्रकाशक शोषक हुआ करते थे, वे लेखकों को धोखा दिया करते थे। (जो लेखक ये बातें किया करते थे वे लेखक किस स्तर के थे ये तो हमने कभी सोचा ही नहीं)। हम अपनी संस्थाओं को कभी स्थायी रूप नहीं दे पाये। श्री जयशंकर प्रसाद और श्री रायकृष्ण दास वग़ैरह ने मिल कर पहले बनारस से, फिर बाद में प्रयाग से भारती भण्डार के नाम से प्रकाशन संस्था शुरू की थी। भारती भंडार ने न सिर्फ़ प्रसाद, निराला, पन्त और महादेवी जी की पुस्तकें सुरुचिपूर्ण ढंग से छापी थीं, भारत गौरव ग्रन्थ माला नाम की एक सीरीज भी निकाली थी। वे वाचस्पति पाठक के प्रबन्ध में पाठ्य-पुस्तकें भी छापा करते थे। पाठ्य पुस्तक प्रकाशन कम हुआ (वैसे पन्त, प्रसाद, निराला की अनेक पुस्तकें बाद में पाठ्यक्रम में लग चुकी थीं) इन संस्थाओं में गिरावट आयी और इस गिरावट के साथ ही साहित्य का छपना कम होने लगा। लगभग हर शहर में पुस्तकों की दुकानें हुआ करती थीं। वे धीरे-धीरे बन्द होनी शुरू हुईं और एक पीढ़ी के बाद बन्द हो गयीं। पुस्तक दुकानों की संख्या का हिन्दी पुस्तक प्रसारण और विक्रय पर क्या असर पड़ा इसका कोई बौद्धिक आकलन हमने नहीं किया। हिन्दी क्षेत्र में पुस्तक प्रकाशन और प्रसारण की नियति को लोगों ने प्रकाशन में लगे व्यक्तियों की नियति मान कर छोड़ दिया। पाठ्य-पुस्तकों के राष्ट्रीयकरण के साथ ही हिन्दी प्रकाशन का स्वर्णयुग ख़त्म हो गया।

साहित्य का प्रकाशन इसके बीस वर्ष बाद धीरे-धीरे छोटे पैमाने से विकसित हुआ जिसने पुस्तकों की बिक्री के नये माध्यम ढूँढ़े। फिर धीरे-धीरे जो संस्थाएँ विकसित हुईं, उनके माध्यम से साहित्य का सीमित प्रकाशन ही आज तक सम्भव हुआ है। यह सारा प्रकाशन पाठकों की ख़रीद पर नहीं, सरकारी ख़रीद पर निर्भर है। हिन्दी में बहुत तरह की पुस्तकें छप ही नहीं सकतीं, इसलिए लिखी भी नहीं जातीं। हिन्दी का सम्पूर्ण वाङ्मय आज कहीं भी नहीं पा सकते। आज भी हिन्दी में साहित्यिक पुस्तकों की ६००

से लेकर २१०० प्रतियाँ ही छपा करती हैं, इससे यह अन्दाज़ लग सकता है कि लगभग ३० करोड़ के हिन्दी भाषी क्षेत्र में इन प्रकाशनों की पहुँच कितनी दूर तक है।

पाठ्य-पुस्तकों के राष्ट्रीयकरण के पीछे क्या दृष्टि थी?

यह दृष्टि थी सरकार को सर्व-समर्थ मानने की और सरकार द्वारा ही सब कुछ कराये जाने की दृष्टि थी। आप जानते हैं कि सोवियत संघ में सारा उत्पादन कार्य, प्रकाशन और वितरण कार्य भी सरकार के हाथ में था। यहाँ भी कुछ लोगों ने यह शोर मचाना शुरू किया कि हिन्दी में पाठ्य पुस्तकों का स्तर बहुत ख़राब है। उस समय समाज में हर समस्या का समाधान, वामपन्थी मानस द्वारा प्रायोजित और सर्वस्वीकृत समाधान था राष्ट्रीयकरण। राष्ट्रीयकरण से पाठ्य-पुस्तकों का स्तर तो कोई ख़ास नहीं सुधरा, पाठ्य-पुस्तकों का हर जगह और समय पर पहुँचना भी कठिन हो गया। सरकारी समर्थन पानेवाले पाठ्य-पुस्तक लेखकों के बहुत सारे नेटवर्क बन गये, इन पाठ्य-पुस्तकों की आलोचना करने का भी किसी के पास समय नहीं रहा।

किसी भी समय में क्या प्रकाशन हो रहा है या पुराने लेखकों की भी कौन-सी पुस्तकें उपलब्ध हैं, उससे ही उस समय की पीढ़ी की मानसिक संरचना बहुत कुछ समझ में आ जाती है। इंग्लैण्ड में १९वीं शती के अन्त और २०वीं शती के शुरू में किस तरह की किताबें प्रकाशित हो रही थीं। यदि आप रेशनलिस्ट प्रेस एसोसिएशन, वाट, केगनपाल, अनविन, लॉगमैन्स, थैकर स्पिंक, ब्लैकी द्वारा उस समय प्रकाशित साहित्य पुस्तिकाएँ पढ़ कर १९वीं शती के अन्त और २०वीं शती के शुरुआत के लोगों का मानस बन रहा था, इसी तरह आप और पीछे जाइये तो आप यह पाएँगे कि १८वीं शती के अन्त और १९वीं शती की शुरुआत में अँग्रेज़ी जाननेवाले लोग किस तरह की पुस्तकें पढ़ा करते थे। वे पुस्तकें कलकत्ता, बम्बई और लाहौर में भी आती थी। उनसे बंगाल के बौद्धिक जागरण के स्रोतों का पता चल सकता है। आपको यह पता चल जाएगा कि 'ब्रह्म समाज' और 'नवजीवन सभा' किस तरह के बौद्धिक वातावरण में बन रहे थे। यह वह वातावरण था जिसमें कुछ लोग सार्वजनिक तौर पर गौमांस खाने

को प्रगति का लक्षण मानते थे। (आज भी भारतीय एकेडमियाँ, विशेषकर इतिहास और समाज विज्ञानों के प्रकाशनों को स्तर की मान्यता प्रदान करनेवाली 'इकॉनामिक एंड पालिटिकल वीकली' के सम्पादक राममनोहर रेड्डी और दिल्ली विश्वविद्यालय के पूर्व इतिहासाध्यक्ष डी.के. झा के सौजन्य से गौमांस भक्षण का प्रचार चल रहा है)। इस तरह के लोगों की संख्या कॉलेजों की संख्या बढ़ने के साथ बढ़ती गयी। बाद में विश्वविद्यालयों और स्कूलों की संख्या बढ़ने लगी। ईसाई मिशनरी लोगों ने जगह-जगह कॉलेज और स्कूल बनाये। ये सारे उपक्रम 'एनलाइटमेंट प्रोजेक्ट' को बढ़ानेवाले साधन बन गये। भारतीय चित्त पर धीरे-धीरे पश्चिमी ज्ञान और मार्क्सवाद का यह अन्धकार छाता गया। आशा करनी चाहिए कि आज उस ज्ञान का अन्तिम रूप पश्चिमी एकेडमिक जगत से उद्भूत, 'डिकान्सट्रक्शन', 'पोस्टमार्डनिज्म', 'पोस्टकॉलोनियल', 'पोस्टहिस्टारिकल' और तमाम तरह की संकर मार्क्सवादी विचारधाराएँ हैं।

> राममनोहर लोहिया का मार्क्सवाद को लेकर एक महत्त्वपूर्ण वक्तव्य है, 'मार्क्सवाद यूरोप का एशियाई देशों को गुलाम बनाये रखने का अन्तिम हथियार है।' लोहिया ने कृष्ण आदि चरित्रों पर गहराई से लिख कर भारतीय पारम्परिक दृष्टि को समझने की भी सच्ची कोशिश की। आप स्वातन्त्र्योत्तर भारत में लोहिया को कहाँ रखेंगे?

मैंने आपको औपनिवेशिक मानस के विकास की जो सीढ़ियाँ बताई हैं, उनमें लोहिया अँग्रेज़ी बोलनेवाली दूसरी पीढ़ी के सदस्य थे। उनके पिता थोड़ी बहुत अँग्रेज़ी जानते थे। कलकत्ता जा कर काम करने के लिए शायद उनको उतनी अँग्रेज़ी सीखनी पड़ी होगी। इस तरह लोहिया का चित्त पूरी तरह औपनिवेशिक नहीं हुआ था। उनके परिवार में भारतीय परम्परा की पृष्ठ भूमि उनकी शैशवावस्था, बाल्यावस्था और युवावस्था तक बनी हुई थी। वे शिक्षा ग्रहण करने इंग्लैण्ड नहीं, जर्मनी गये थे। इससे भी लगता है कि उनके भीतर औपनिवेशिक मानस के प्रसार के प्रतिरोध में काम करनेवाली शक्तियाँ थीं। उनके मन में भरे हुए अदम्य देश-प्रेम के कारण भी यह सम्भव था। उनके मन में भारत की मातृभाषाओं के प्रति गहरा लगाव, देश की मिट्टी समेत हर भारतीय मनुष्य और हर भारतीय चीज़ से गहरा लगाव था। उन्हें हिमालय की संस्कृति से भी प्रेम

था और उन्होंने यह समझने की कोशिश की थी कि हिमालय से क्यों प्रेम करना चाहिए, इस प्रेम का आधार क्या रहा है, हिमालय में लोगों की किस तरह की आस्था रही है, वहाँ पर देवताओं का वास क्यों माना जाता रहा है? उसी तरह उन्होंने यह समझने की भी कोशिश की थी कि भारतीय मानस में राम और कृष्ण का क्या स्थान है, रामायण का क्या स्थान है। इन चरित्रों का ऐसा क्या रूप है जो भारतीय चित्त को उद्वेलित करता है। वे इस बात पर भी विस्मित होते थे कि तथाकथित रूढ़िवादी भारतीय (जिन पर औपनिवेशिकता का कोई असर नहीं हुआ था) वे हिमालय, राम, शिव, राधा, कृष्ण आदि प्रतीकों को क्यों सहजता से ग्रहण कर पाते थे, उनमें कोई गहरा अर्थ पा लेते थे। अपनी पीढ़ी के मानस पर पड़े औपनिवेशिक प्रभाव को तोड़ने के लिए उन्हें इन सब पर विचार करना आवश्यक लगा था इसीलिए उन्होंने भाषा के लिए, नदियों के लिए, हिमालय के लिए राजनीतिक आन्दोलन किये और इन आन्दोलनों को व्यापक आधार पर चलाने के लिए तमाम क्षेत्रों के लोगों को जोड़ने की कोशिश की।

> लेकिन फिर भी उनके अनुयायी पश्चिमीकरण की प्रक्रिया के प्रति उस स्तर का प्रतिरोध नहीं कर पाये।

लोहिया का विचार कितने लोग पढ़ते थे? उस समय ऐसे कितने लोग रहे होंगे जिन्होंने विभिन्न वैचारिक परम्पराओं से लोहिया के विचारों की तुलना की होगी? कितने लोगों ने यह परखने की कोशिश की होगी कि तमाम प्रचलित विचारों में कितने ऐसे विचार हैं जिन्हें सचमुच विचार कहा जा सकता है, (विचार के नाम पर चलनेवाली अधिकांश चीज़ें विचाराभास ही होती हैं) जो लोग किन्हीं धर्मों का पालन करते हैं, वे उन धर्मों की शिक्षाओं और उनकी मान्यताओं का विवेचन करने के बाद उनकी मान्यताओं का पालन शुरू नहीं करते हैं, ज़्यादातर लोग तो ऐसी स्थितियों में पैदा हो गये होते हैं जिनमें कुछ मान्यताएँ उन्हें मिल गयी होती हैं। मनुष्य का चित्त हमेशा ही अन्धकार से घिरा रहता है, इस दारुण अवस्था में कभी-कभी लोहिया जैसे लोगों के विचार रोशनी जला देते हैं। उनके कारण जागृति के कुछ चिह्न कभी-कभी प्रकट होते हैं। उसी में से रोशनी की ओर जा रहा कोई प्रमाण दिखायी दे जाता है, अन्यथा

किन्हीं भी विचारों की पहुँच बहुत दूर तक नहीं हुआ करती। लोहिया के बाद आया नेतृत्व अँग्रेज़ी शिक्षा में पले लोगों के सामने अपने को हीन पाता था और उन्हें अपनी चीज़ें घटिया लगने लगी थीं। धीरे-धीरे पश्चिमी ज्ञान का प्रभाव बहुत बढ़ गया था, हालाँकि बहुत से लोग पश्चिमी ज्ञान के मूल अर्थों से अपरिचित ही थे। उनका ज्ञान ज़्यादातर सुनी सुनायी बात पर ही आधारित रहा है, पश्चिम के मूलभूत विचारों का जो ज्ञान भारतीय विद्वान भी प्रकट करते हैं, वह पूर्ण रूप से हृदयंगम हो गया ज्ञान नहीं होता। अधिकांश जनता तो अप्रामाणिक स्रोतों से प्राप्त और सतही स्तर पर ही ज्ञात पश्चिमी ज्ञान से प्रभावित है। लेकिन यह प्रभाव हर तरह से बढ़ रहा है, लोहिया के शिष्य भी उसी प्रभाव में आ जाएँ तो इसमें क्या आश्चर्य है। यह तो ऐसा भयंकर प्रवाह है कि यह सबको अपनी धारा में बहा ले जा सकता है।

> आपकी दृष्टि में स्वतन्त्रता प्राप्ति के बाद ऐसे कौन से लेखक आये जिन पर भले ही पश्चिम का कुछ प्रभाव रहा हो पर जिन्होंने भारत की सृजनात्मक परम्परा से स्वयं को जोड़ते हुए कुछ ऐसा रचा जिसने आपको बहुत उद्वेलित किया हो?

ऐसे बहुत से लोग थे, जो पहले हिन्दी में पढ़े जाते थे और उनका साहित्य में उल्लेख भी हुआ करता था। एक नाम ले लीजिए वासुदेव शरण अग्रवाल का। उन्होंने जायसी के 'पद्मावत' की विस्तृत टीका लिखी, हर्षचरित, कादम्बरी के सांस्कृतिक अध्ययन लिखे, उन्होंने साहित्य के क्षेत्र में अनेक विद्वत्तापूर्ण कार्य किये हैं। उन्होंने वेदों का अध्ययन करने की भूमिका तैयार की, महाभारत पर पश्चिम की विद्वता का सर्वेक्षण करने के साथ-साथ हिन्दी पाठकों के लिए एक संक्षिप्त कथा तैयार की, भारतीय कला और लोक संस्कृति के अनेक विषयों पर प्रामाणिक कार्य किया। भारतीय परिदृश्य में वासुदेव शरण अग्रवाल का साहित्य परम्परा से सम्पृक्त साहित्य का उदाहरण है। उनके जैसे ही दो-चार अन्य विद्वान थे, इनमें आप जयपुर के दो गुरुभाइयों श्री गिरधर शर्मा चतुर्वेदी और श्री मोतीलाल शास्त्री को रख सकते हैं। श्री गिरधर शर्मा चतुर्वेदी 'सरस्वती' और उसकी समकालीन पत्रिकाओं में साहित्य विषयक समालोचना लिखा करते थे। लेकिन साथ ही संस्कृत के परम्परागत विद्वान थे। उन्होंने 'पुराणों

का परिशीलन' किया है। इनके गुरुभाई श्री मोतीलाल शास्त्री ने शतपथ ब्राह्मण, भगवद्गीता और अनेक उपनिषदों का भाष्य लिखा है। साथ ही आधुनिक पाठकों को बोधगम्य कराने के लिए भारतीय संस्कृति के विविध पक्षों पर परिचयात्मक साहित्य लिखा है। बिहार के जनार्दन मिश्र की सूरदास पर अँग्रेज़ी में एक पुस्तक थी। बाद में उन्होंने एक पुस्तक 'प्रतीक विद्या' पर लिखी, ऐसी पुस्तक विश्व की किसी भाषा में नहीं है। उन्होंने एक पुस्तक वेदों पर भी लिखी थी। पटना से ही भाषा दर्शन और भारतीय दर्शन पर रंगनाथ पाठक के बहुत महत्त्वपूर्ण ग्रन्थ छपे थे। बीसवीं शती के शुरू में अल्मोड़ा में बद्रीप्रसाद ठुलधरिया हुए जिन्होंने हिन्दी में 'दैशिक शास्त्र' नामक पुस्तक लिखी। उन्होंने बहुत मौलिक ढंग से भारत में राजनीतिक व्यवस्था की कल्पना की थी और यह प्रमाणित किया था कि क्यों हर भारतीय को अपने देश की स्वतन्त्रता और उसके निर्माण में रुचि लेनी चाहिए। उस समय के लिए 'दैशिक शास्त्र' राजनीति शास्त्र का पर्याय था। अगर आप पुराने प्रकाशकों की सूचियाँ देखें तो आपको उनमें ऐसी अनेक पुस्तकें मिल जाएँगी जिनसे हिन्दी में सुविचारित ऐतिहासिक, दार्शनिक, सामाजिक और विचारपूर्ण लेखन का प्रमाण मिलेगा। ये लोग औपनिवेशिक मानसिकता से अपेक्षाकृत मुक्त विद्वान थे। हालाँकि उनमें से कई को पश्चिमी जीवन और चिन्तन का बहुत गहरा ज्ञान था। छोटी-छोटी जगहों में आपको ऐसे तमाम लोग मिलेंगे जिन्हें धीरे-धीरे साहित्य के क्षेत्र से अलग कर दिया गया।

भारतवर्ष के स्वतन्त्रता आन्दोलन में हिन्दी क्षेत्र की बड़ी-बड़ी प्रतिभाओं ने भाग लिया था। उसमें भाग लेनेवाले विद्वान भी थे, विचारक भी थे, और बहुत से साहित्य प्रेमी और लेखक भी थे। श्री सम्पूर्णानन्द ने वेद के सूक्तों पर भाष्य लिखे हैं, योग शास्त्र के मन्तव्यों पर अपने अनुभव के आधार पर मौलिक विवेचन किया है, समाजवाद के लिए भारतीय दार्शनिक आधार प्रस्तुत किया है, भारतीय बौद्धिकों की समस्याओं पर लिखा है, हिन्दी में भक्ति रस का एक काव्य ग्रन्थ भी लिखा है, वैज्ञानिक कथाएँ भी लिखीं हैं। मैं डॉ. सम्पूर्णानन्द को बहुत विलक्षण विद्वान पाता हूँ। कांग्रेस सरकारों में मन्त्री के तौर पर किये गये उनके कार्यों का चिरस्थायी महत्त्व है। चूँकि हमारे समाज में अब कृतज्ञता नाम की चीज़ बची नहीं है इसलिए हम यह जानने की कोशिश भी नहीं करते कि उन जैसे लोगों

ने हमारे लिए क्या किया है। मैंने पहले उल्लेख किया था कि जिस समय मैं मिडिल स्कूल में पढ़ने गया उस समय तक शिक्षा का माध्यम उर्दू ही हुआ करती थी। डॉ. सम्पूर्णानन्द ने ही हिन्दी को वैकल्पिक माध्यम के रूप में तुरन्त लागू करने का आदेश दिया था। भारतवर्ष में संस्कृत शिक्षा का जो देशव्यापी रूप बना, उसके सूत्रधार भी सम्पूर्णानन्द जी ही थे। सम्पूर्णानन्द जी ने ज़मींदारों का संरक्षण लुप्त हो जाने पर संस्कृत पाठशालाओं को राजकीय संरक्षण देकर दुबारा शुरू करवाया। चिकित्सा शिक्षा के क्षेत्र में उन्होंने बहुत बड़ी लड़ाई लड़ी। उन्हें यह लड़ाई जवाहरलाल नेहरू और चिकित्सा क्षेत्र की सर्वशक्तिमान 'भारतीय चिकित्सा परिषद' से भी लड़नी पड़ी। वे चाहते थे कि चिकित्सा महाविद्यालयों में चिकित्सा शास्त्र की शिक्षा दी जाय न कि एलोपेथी या आयुर्वेद की। वे यह करवा पाने में पूर्ण सफल तो नहीं हुए पर इसके लिए उन्होंने बहुत संघर्ष किया। हिन्दी साहित्य के भरण पोषण में श्री सम्पूर्णानन्द जैसे लोगों की बहुत बड़ी भूमिका है।

अगर हिन्दी साहित्य क्षेत्र के लोग बिना भेदभाव के इन विचारकों से सम्बन्ध बनाये रखते तो साहित्य के भीतर जो वैचारिकता का अभाव आ गया है, वह सम्भवत: नहीं आता, साहित्यिक आलोचना भी समृद्ध हुई होती, साहित्य की रचना भी समृद्ध होती। अपने समकालीन दैशिक विचारकों के साथ सम्बन्ध तोड़कर और सिर्फ़ वैदेशिक विचारकों के साथ सम्बन्ध बनाने से हिन्दी साहित्य दरिद्रता के कगार पर पहुँच गया। सम्पूर्णानन्द की तरह ही ऐसे दर्जनों लोग हैं जो स्वतन्त्रता आन्दोलन में आपत्धर्म के तौर पर जुड़े लेकिन वे मूलत: विद्वान थे और हिन्दी में लिखते थे। आज के हिन्दी लेखकों को उनकी कोई सूचना नहीं है।

> स्वतन्त्रता के बाद ऐसे कौन–से सृजनात्मक लेखक आपकी दृष्टि में इस सबके बावजूद कुछ ऐसा रच सके जो अपेक्षाकृत अधिक टिकाऊ है।

मैं आपको फिर पुरानी चीज़ों की ओर ले जाता हूँ। वे लोग जो अँग्रेज़ी पढ़नेवाली पहली पीढ़ी के थे उन पर पश्चिमी प्रभाव सबसे कम था। आप 'प्रसाद' और 'निराला' को ले लीजिए। फणीश्वरनाथ 'रेणु' को ले

लीजिए। रेणु जी का अँग्रेज़ी ज्ञान कम था, उनके मन में जो दृष्टि उपजी वह पूरी तरह अपनी भाषा में थी। रेणु की दृष्टि पूरी तरह हिन्दी-दृष्टि थी। वह अँग्रेज़ी में कल्पना करके नहीं लिखते थे इसीलिए उनके उपन्यास और कहानियाँ अपनी अतुलनीय भाषा पा सकें हैं। रेणु की तुलना में कदाचित उनसे बहुत बड़े साहित्यकार सच्चिदानन्द हीरानन्द वात्स्यायन 'अज्ञेय' हैं। अज्ञेय जी चाहते तो वे भारतीय अँग्रेज़ी के बहुत बड़े लेखक हो सकते थे। आज जो लोग भारतीय अँग्रेज़ी में साहित्यकार माने जाते हैं उनकी तुलना में तो वे बहुत ही बड़े साहित्यकार होते। उन्होंने हिन्दी में लिखने का क्यों निर्णय किया, इसके बारे में कुछ शोध की आवश्यकता है, क्योंकि १९३५-४० में उनके सामने अनेक विकल्प हो सकते थे। हिन्दी में लिखने के अपने गुरु गम्भीर संकल्प के बावजूद अज्ञेय जी की दृष्टि समग्रतः अँग्रेज़ी दृष्टि थी। ऐसा लगता है कि वे लिखने से पहले अपनी बहुत-सी चीज़ों को अँग्रेज़ी में ही कल्पित करते थे। प्रायः गद्य लिखते हुए भी वे अँग्रेज़ी में सोच कर अनुवादित करते हुए लगते हैं। लेकिन वे बहुत बड़े और बहुत अच्छे अनुवादक हैं। उतना समर्थ अनुवादक हिन्दी में और कोई नहीं हुआ है। अनुवाद के बावजूद उनकी हिन्दी पूर्णतया स्वाभाविक हिन्दी बन जाती है। अपने अँग्रेज़ी स्रोत के कारण हिन्दी पाठक के चित्त को पूर्णतया हृदयंगम नहीं हो पाती। किसी स्तर पर एक दरार बनी रहती है। वह पाठक से एक बाधा पार करने की माँग करती है। अज्ञेय जी को अँग्रेज़ी में दीक्षित हिन्दी पाठक ज़्यादा हृदयंगम कर सकते हैं। नागार्जुन भी अँग्रेज़ी नहीं जानते थे और वे भी सम्भवतः रेणु जी की श्रेणी में आ जाते लेकिन रचनाकार होने के पहले ही वे राहुल सांकृत्यायन के कम्यूनिस्ट प्रभाव में आ कर यायावर बन गये और इधर-उधर बहक गये। उनकी साहित्यबद्धता एक तरह की उच्छृंखलता से ग्रस्त हो गयी। मैं मैथिल नहीं जानता लेकिन कुछ कल्पना करता हूँ कि उनकी मैथिल रचनाएँ शायद इस तरह के प्रभावों से मुक्त हों। अमरकान्त भी एक ऐसे उपन्यासकार हैं जो अँग्रेज़ी नहीं पढ़ते, उनका प्रगतिशील आन्दोलन या कम्यूनिस्टों के साथ सम्बन्ध भी इस कारण है कि वे जिसे दीन वर्ग समझते हैं, उससे कुछ प्रेम करते हैं और कुछ प्रगतिशील लेखकों से उनकी निजी दोस्ती है। अमरकान्त के मन में अगस्त १९४२ की एक अपनी धारणा है जिसके उपजीव्य से उन्होंने बहुत-सी चीज़ें लिखी हैं। उनकी दृष्टि भी मूलतः हिन्दी दृष्टि है।

श्रीकान्त वर्मा दूसरी पीढ़ी के अँग्रेज़ी पढ़े हुए थे पर वे एक ऐसे क्षेत्र से आये थे जिसकी लोक संस्कृति से उनका सम्बन्ध विच्छेद नहीं हुआ था। इसीलिए उनकी हिन्दी दृष्टि थी। मैं निर्मल वर्मा को बहुत बड़ा कथाकार, उन्हें हिन्दी का सार्वदेशिक महान लेखक मानता हूँ। मुझे उनकी कुछ कहानियाँ अप्रतिम लगती हैं, जिन्हें विश्व के किसी भी, कभी के बड़े कथाकार की रचनाओं के मुकाबले रखा जा सकता है। लेकिन वे दूसरी पीढ़ी के अँग्रेज़ी जानकार थे। निर्मल जी ने विश्व का सबसे महत्त्वपूर्ण साहित्य पढ़ने और समझने की चेष्टा की थी। उस ढंग से उनके मन में मानदण्ड बने थे। लेकिन सम्भवतः अपनी बाल्यावस्था के संस्कारों के कारण वे अपनी कहानियाँ हिन्दी में ही कल्पित करते थे। आज की परिस्थितियों में यातनाग्रस्त मनुष्य के नियति से संघर्ष को जिस तरह निर्मल जी ने चित्रित किया है वह विश्व में अप्रतिम है। उनकी कम से कम एक दर्जन कहानियाँ ऐसी हैं जो मैं बार-बार पढ़ता रह सकता हूँ। उनके यात्रा वृत्तान्त भी सुन्दर गद्य हैं लेकिन उनके वैचारिक निबन्धों पर बार-बार विश्व के दूसरे चिन्तकों का बोझ पड़ता हुआ लगता है।

> लेकिन अगर निर्मल जी हिन्दी में कथा साहित्य हिन्दी में ही सोच कर लिख सके, इसका अर्थ ही यह निकलता है कि आपका अँग्रेज़ी जाननेवाली पहली, दूसरी, तीसरी पीढ़ी वाला सिद्धान्त अपर्याप्त है, उसमें दरारें हैं।

आपका कहना ठीक है, मैंने तो अपने समाज के विकास को समझने के लिए एक स्थूल पैमाना बतलाया था। उस तरह से देखने में कुछ आसानी हो जाती है। पर वह ऐसा पैमाना नहीं है जिसके अनुसार ही सारी बातें घटित होती हों।

> दरअसल, मैं आपसे यह पूछने की कोशिश कर रहा हूँ कि हिन्दी या भारतीय भाषा के लेखक को अपनी पारम्परिक स्मृति से सम्पृक्त होने के मार्गों को खोलने की क्या सूरतें हैं। आपने इसके लिए स्वयं कौन से रास्ते अपनाये हैं। कई महत्त्वपूर्ण अफ्रीकी लेखक अपनी औपनिवेशिकता से बचने के लिए अँग्रेज़ी छोड़ कर अपनी

> लोक भाषाओं में लिखने लगे। औपनिवेशिक मानस से बाहर आने का उन्होंने यह रास्ता निकाला। निर्मल वर्मा और आपके उदाहरण से हम भारत में भी इसी तरह का रास्ता निकलता हुआ देख सकते हैं।

देखिए, इतिहास में भी कुछ चमत्कार होते रहते हैं। लगभग सौ वर्षों से समस्त विश्व के स्तर पर 'एनलाइटनमेंट प्रोजेक्ट' के बारे में बहुत से सन्देह उठते रहे हैं। बहुत-सा उच्च स्तरीय और मूलभूत खण्डन-मण्डन हुआ है और उसके बहुत से अंशों की प्रामाणिकता ख़त्म हो गयी है। इसके नाते हमारे औपनिवेशिक मानस की संरचना में बसने के लिए पश्चिम की एक साथ चल रही या थोड़े-थोड़े समय के लिए प्रभावी हो रही बहुत सी विचार-सरणियों की आपसी प्रतियोगिता चल रही है। इनमें से कई विचार-सरणियाँ एक साथ हमारे चित्त में उपस्थित हो जाती हैं। आप देख रहे होंगे कि प्रत्येक आठ-दस वर्ष में कभी फ्रांस से तो कभी जर्मनी से फिर कभी अमेरिका से पुराने का खण्डन करती हुई नयी चिन्तन धाराएँ वहाँ विश्वविद्यालयों में दर्शन या साहित्य पढ़ने-पढ़ानेवाले लोगों द्वारा प्रतिपादित होती हैं, वहाँ की प्रकाशन संस्थाओं द्वारा प्रसारित होती हैं, वहाँ के 'जर्नल्स' और 'विद्वतपरिषदों' में उन पर बहस होती है। इन विचारों की पहली या दूसरी धारा तक से तो भारतीय चित्त बहुत आतंकित रहता है। वह अपने लेखन में इस नयी आधिकारिकता का ग़लत-सही इस्तेमाल करने में लग जाता है।

लेकिन दस-बारह वर्ष के भीतर ही कोई नयी धारा प्रभावी होती है और इससे पहले की पुरानी विचारधारा का दमन करके उसका लोप करती हुई लगती है। उदाहरण के लिए पश्चिम से पहले आया संरचनावाद भारत में अभी पूरा प्रचलित भी नहीं हुआ था कि 'डिकान्सट्रक्शन' का प्रभुत्व बढ़ने लगा। इसी में से 'थियरी' कुछ सिर उठाती लगी। लगातार नयी शब्दावली प्रसूत करते रहनेवाली इन प्रवृत्तियों का एक भंडाफोड़ सोकाल द्वारा छापे गये एक 'विद्वत्पत्र' से हुआ। उसके बाद अमरीका-इंग्लैण्ड से प्रचारित हो रही वर्तमानवाद, नवइतिहासवाद, नवसौन्दर्यवाद आदि अनेक धाराएँ भारतीय साहित्य और दर्शन के विद्यार्थियों के चित्त पर अधिकार करने की चेष्टा में लगी हुई हैं। पश्चिमी विश्वविद्यालयों की शिक्षा के

साथ एक बहुत बड़ा प्रकाशन उद्योग जुड़ा हुआ है जो इस तरह की सामग्री को प्रारम्भिक, औसत और विद्वत्तापरक आदि कई स्तरों पर प्रकाशित-प्रसारित करता है। इस प्रसारण का एक अंश भी भारतवर्ष के साहित्याभ्यासियों को आतंकित करने के लिए पर्याप्त होता है। लेकिन यदि हमारे लोग थोड़ा-सा भी स्वजातीय चिन्तन करने लगते हैं, कुछ अपने अतीत से, कुछ अपने बगल से या कुछ अपने भीतर से संवाद का सम्बन्ध बनाने लगते हैं तो हम समझते हैं कि पहले जिन सत्यों को वे 'एनलाइटेनमेंट प्रोजेक्ट' से उद्‌भूत मानते रहे हों, चाहे वे मार्क्सवाद के इतिहास सिद्धान्त को ही प्रामाणिक मानते रहे हों, उनका रास्ता वर्ग संघर्ष का सिद्धान्त ही रहा हो, चाहे वे उत्तर आधुनिकता के आतंक से ग्रस्त हो गये हों लेकिन यदि उन्होंने अपनी बौद्धिक जागरुकता बनाये रखी है तो उन्हें पता चल जाता है कि उनके द्वारा पहले मान्य की जानेवाली बहुत-सी अवधारणाओं की प्रामाणिकता अगर अब नहीं रह गयी है तो पहले भी नहीं रही होगी। और तब उन्हें पश्चिम से आ रही हर धारा बड़ी मात्रा में संदिग्ध लगने लगेगी। विश्वविद्यालयों के अध्यापकों के लिए अपने शोधपत्रों और अपने कक्षा व्याख्यानों में अर्थहीन शब्दावलियों का प्रसारण कुछ मजबूरी होगी लेकिन जड़बुद्धि लोग ही पुराने रूढ़ शब्दों को दोहराते रहते हैं।

सोवियत संघ और चीन (हिटलर के जर्मनी को भी जोड़ लीजिए) मानवजाति के इतिहास में सबसे दारुण मनुष्य विरोधी विभीषिका का प्रतिनिधित्व करते हैं, उसका बड़ा प्रतिरोध पश्चिमी बौद्धिक वर्ग ने किया है। भारतीय चित्त न तो इन घटनाओं की विभीषिका को पूरी तरह समझ पाया, न ही इसका उग्र विरोध कर पाया। भारत के बड़े-बड़े नेता भी इस बात के अपराधी हैं। इसका कारण एक छिछले स्तर पर मार्क्सवाद और कम्युनिज्म के प्रचार से भारतीय चित्त द्वारा इन विभीषिकाओं को जिस गहराई पर अनुभव किया जाना चाहिए था, उस गहराई से अनुभव नहीं हो पाया। औपनिवेशिक मानसिकता से बचने के लिए पहली आवश्यकता तो यही है कि हम लगातार आत्मपरीक्षण करते रहें कि हम जिन मन्तव्यों को अपना रहे हैं या प्रकट कर रहे हैं उनकी अपनी बनायी हुई कसौटियों पर कितना परीक्षण करते रहने की आवश्यकता है। आज-कल पश्चिम से आ रहे विचारग्रन्थों को पढ़ते समय हमें यह देखते रहना चाहिए कि

इन ग्रन्थों में कितना कुछ वहाँ की विश्वविद्यालयीन ज़रूरतों के नाते प्रचारित किया जा रहा है। हमें यह लगातार परीक्षण करते रहना चाहिए कि जिन बातों को कहने के लिए नयी शब्दावली गढ़ी जा रही है, उनमें कितनी तत्त्व की बात है। आपके पास पहले से जो तत्त्व है उससे उसकी तुलना करते रहना चाहिए। आपको स्वयं बार-बार देखना होगा कि अपने को किस हद तक अपने देश की पुरानी विद्याओं से जोड़ सकते हैं या उन विद्याओं को हस्तगत कर सकते हैं, अपना बना सकते हैं। उनको आगे बढ़ाने में, उनकी आलोचना करने में, उनको परिवर्तित करने में, उनको पूरी तरह बदल देने के लिए भी आप क्या कर सकते हैं। अपनी चीज़ के साथ कुछ भी किया जा सकता है। मनुष्य का सबसे बड़ा प्रयास यही होना चाहिए कि उसके चित्त पर दैवीय शक्तियों का वास हो, वहाँ उन देवताओं का वास हो जो जन्म के समय ही आपके देवता हो गये होते हैं। आप देखिए कि जो आपके देवताओं का वासस्थान है वहाँ न्यूयार्क, शिकागो, पेरिस या हाइडेलबर्ग में उत्पन्न हो रहे विचारों का अधिकार तो नहीं हो रहा है।

> दार्शनिक रामचन्द्र गांधी ने अपनी पुस्तक 'आई एम दाऊ' में यह प्रश्न उठाया था और आप भी इस प्रश्न से विचलित रहे हैं कि भारतीय चिन्तन परम्पराएँ, आपके शब्दों में, मोक्षकामी चिन्तन धाराएँ हैं, वे 'सिविलाइज़िंग' तो रही हैं पर 'सिविलिज़ेशनल' नहीं हों पायीं।

मुझे भारतीय काव्यशास्त्र के विषय में भी यह सन्देह होता रहता है। रसशास्त्रीय सिद्धान्त भी किसी न किसी रूप में मोक्षमार्गी दर्शनों का अनुसरण करता रहा है। मोक्ष व्यक्ति के अनेक पुरुषार्थों में से एक पुरुषार्थ है लेकिन साधनापरक दार्शनिकता के लिए वही एकमात्र या सबसे बड़ा पुरुषार्थ हो जाता है। उसी तरह रस परिपाक के दायरे में जातीय चिन्तन या अपनी सभ्यता के अवसान और उत्थान सम्बन्धी चिन्तन को स्थान नहीं मिलता। अपवादों को छोड़ कर कविता के अध्ययन में सभ्यता का प्रमाण हमारी चिन्तन परिधि में नहीं आया है। हमें सोचते रहना चाहिए कि हम जो कुछ भी करते हैं, हमारा जो भी दैनन्दिन आचार-व्यवहार है उसका सभ्यता के स्वरूप ग्रहण पर किस तरह का प्रभाव पड़ता है? क्या

कविताओं को भी इस रूप में देखा जा सकता है कि वे अपनी सभ्यता को किस रूप में अभिव्यक्त कर रही हैं। कविता लिखनेवाला किसी सभ्यता का नागरिक मालूम पड़ता है या नहीं। वह सभ्यता भले ही डूब रही हो या उसमें उत्ताल तरंगे आ रही हों, कवि उस सभ्यता से किस तरह का सम्बन्ध बनाता लगता है। सभ्यता ही व्यक्ति की तमाम तरह की चित्त वृत्तियों को नियन्त्रित करती है, उन्हें उदात्तीकृत करती है, उसमें सद्विचारों को जाग्रत करती है। उसमें आचार-विचार के तमाम तरह के नियमों का पालन करने का स्वभाव बनता है। मनुष्य सभ्यता के वश में आ कर ही कुलशील का पालन करता है या भद्र पुरुष बनता है। सृष्टि विद्या, देव विद्या, तत्त्व चिन्तन तो सभ्यता के मूल अंग होते ही हैं, इनके ही आधार पर पुरुषार्थ का पूरा ढाँचा खड़ा होता है। ऐसी पूरी सभ्यता की कल्पना करना, यह देखते रहना कि उस सभ्यता पर क्या आघात हो रहे हैं, उसकी क्या नियति बन रही है, उसमें हमारे आचरण और व्यवहार के कारण किस तरह की प्रतिकूलता आ रही है, भारतीय राज्य और राजनीतिक पार्टियों का क्या प्रभाव पड़ रहा है, बौद्धिकों का आचरण किस तरह का हो रहा है, इन सब बातों के प्रति सजगता की अपेक्षा होती है। आपको ऐसे लोग भी मिल सकते हैं जो यह कहें कि सभ्यता नाम की कोई चीज़ नहीं होती! हालाँकि ऐसे लोग स्वयं किसी सभ्यता के अंग होते हैं और प्राय: किसी दूसरी सभ्यता के बहुत दबाव में होते हैं। इनमें बहुत से लोग ऐसे होते हैं जो चित्त के स्तर पर आत्मशत्रु बन चुके होते हैं। आत्मशत्रुता की मानसिक अवस्था में अपना सब कुछ ग़लत लगता है। अगर लोग सजग हैं यह ज़रूरी नहीं है कि उनका चित्त भी अपने युग के दबावों से पूरी तरह मुक्त होता हो। हमारी सभ्यता चारों ओर से जिन शत्रुओं से घिरी हुई है, पता नहीं उन शत्रुओं को हम पहचान भी पा रहे हैं या नहीं या हमें हर समय चल रहे इस महायुद्ध की कोई प्रतीति भी है या नहीं। आप को आश्चर्य नहीं लगना चाहिए कि यदि हमारे अधिकांश लोग घोर अन्धकार में डूबे हुए हों और अपने बाहरी और आन्तरिक शत्रुओं का स्वागत करने में लगे हुए हों।

रामचन्द्र गांधी की यह स्थापना कि भारतीय चिन्तन हमें शिष्ट और संस्कारवान तो बनाता है लेकिन हमें अपनी सभ्यता के निर्माण कार्य में सजग होने से वंचित रखता है, बहुत ही साहसपूर्ण स्थापना है। रामचन्द्र

गांधी के सम्पूर्ण चिन्तन में अनेक साहसिक स्थापनाएँ हैं लेकिन यह उनमें सबसे महत्त्वपूर्ण है।

> लेकिन यह कमज़ोरी (उसे वैशिष्ट्य कह लीजिए) तो हमारी सभ्यता की है।

उसे वैशिष्ट्य कहना तो ग़लत होगा। कमज़ोरी कहने से पहले उसका थोड़ा विश्लेषण करना होगा। केवल कमज़ोरी कह कर हम बच नहीं सकते। सभ्यताओं के निर्माण में चार तत्वों का संयोग होता है। जब वे तीनों तत्त्व मिलते हों तो सभ्यताएँ जाग्रत होती हैं। इन चार तत्वों में से किसी पर भी कुछ आघात होने लगता है तो सभ्यता में गिरावट आने लगती है। इनमें पहला तत्त्व है विचारतत्व। अगर आप पूरी तरह विजातीय विचारों के प्रभाव में आ गये हैं, उन विचारों को अपनी प्राचीन विचारसरणि की कसौटियों पर परखने की क्षमता आप में नहीं है तो ऐसे लोग उत्पन्न होने लगते हैं जो विजातीय विचारों को ही अपना विचार मानने लगते हैं। आपका स्वत्व लुप्त हो जाता है। मनुष्य होने के लिए आप में अपना विचार होना चाहिए। अपना विचार नहीं कर सकते हैं, अपने विचारों को जीवन के हर क्षेत्र में, अपने हर कृतित्व में नहीं प्रकट करते हैं तब सभ्यता में गिरावट आयेगी। दूसरा तत्त्व है समृद्धि। ग़रीबी या दैन्य में कोई सभ्यता नहीं पनप सकती। दैन्य को मिटाने के लिए पहली आवश्यकता तो यही है कि सभ्यता में ऐसे विचार पनपें जो समृद्धि का स्वागत करते हों। समृद्धि लानेवाले वर्ग के प्रति हमेशा दुर्वचन बोला जाएगा तो समृद्धि के कर्म का अनादर होगा। खेती, उद्योग–धन्धा, वाणिज्य, व्यापार आदि कार्यों में लगे हुए लोगों, वैश्य आदि जातियों के प्रति समाज में सम्मान होना चाहिए। दुर्भाग्यवश आधुनिक भारतीय राजनीति का विकास कुछ इस तरह हुआ कि तथाकथित पूँजीवाद की खिलाफ़त करते–करते हम भूमण्डलीकरण के भी विरोधी हो गये, हमारे राजनीतिक लोग देश के बड़े व्यापारियों के विरुद्ध नारे लगाने को समाजवाद का पर्याय मानने लगे। वैश्य जाति और व्यापार करनेवाले लोगों को पूँजीवाद का प्रतीक ही नहीं माना गया, उनको दुराग्रहपूर्ण ढंग से अपना अपमानित भी किया गया था। हिन्दी के उपन्यास साहित्य में जो वैश्य वर्ग का चित्रण है, वह हमारे उपन्यासकारों की हीन मानसिकता का द्योतक है। हमारे राजनीतिक

नेता और कार्यकर्ता भी (और हमारे पत्रकार भी) इसी तरह की मानसिकता से ग्रस्त होते हैं। अपने इतिहास में ऐसे व्यापारियों की उपस्थिति को ये लोग भूल जाते हैं जिन्होंने अकाल पड़ने पर अपनी सारी जमा पूँजी बाँट दी, जगह-जगह भोजन के सत्र खोल दिये। हमारी ज्ञान परम्परा को जीवित रखने में भी व्यापारियों का बहुत बड़ा योगदान रहा है। समृद्धि ऐसे लोग ही ला सकते हैं जिन्हें 'इण्टरप्रन्योर' वर्ग का कहा जाता है। भारतवर्ष में यह वर्ग प्राय: वैश्य वर्ण से आता है। सब लोग समृद्धि लाने के कार्य में नहीं लग सकते। लेकिन जो वैश्य उस कार्य में लगते हैं, उनके प्रति समाज में सम्मान का भाव होना चाहिए।

सभ्यता का तीसरा प्रधान तत्त्व है राज्य। पहली बात तो यही है कि राज्य अपना हो। फिर राज्य की नीतियाँ भी ऐसी होनी चाहिए कि समाज में समृद्धि हो, और सारे प्रचलित विचार मान्य कसौटियों पर कसे जा कर एक सर्वमान्य विचारसरणि में अपना स्थान ग्रहण करते हों। सारे विचार एकसमान नहीं होते। सारे विचारों की एक सीढ़ी होती है जिसमें हर विचार का स्थान बना होता है। जैसे-जैसे हमारे यहाँ विचार करने का कार्य ढीला पड़ा है, हम किस विचार का कहाँ स्थान है यह भूल रहे हैं, हमारा अपनी पहले की पीढ़ियों द्वारा किये गये विचार से सम्बन्ध लुप्त हो रहा है, हम पर विजातीय विचार हावी हो रहे हैं, हम दूसरों के विचारों की सर्वव्याप्ति को स्वयंसिद्ध मान कर स्वीकार किये हुए हैं। कभी-कभी कुछ लोग राज्य का चरित्र निर्धारित करने की कोशिश करते हैं, यह बतलाते हैं कि राज्य पर किस वर्ग का कब्जा है, वे यह कह सकते हैं राज्य हमारे हाथ में नहीं है। लोकतन्त्र या वोटतन्त्र राज्यसत्ता पर समय-समय पर ऐसे लोगों को अधिकार दे देता है जिनको अपने ही हितों का ज्ञान नहीं होता। राज्यतन्त्र ऐसे लोगों द्वारा चलाया जाता है जिनके लिए अपने सीमित स्वार्थ ही सर्वोपरि होते हैं। ऐसी दशा में समाज में हमेशा यह सोच होते रहना चाहिए कि हमारे लिए उपयुक्त राज्य व्यवस्था क्या हो सकती है। चौथा तत्त्व है शिल्प-श्रमिकों की उपस्थिति का। ये चारों तत्त्व चतुर्वर्ण व्यवस्था को माननेवाले समाजों में सक्रिय हुआ करते हैं। इन बातों पर बहस करने के बजाय हम लोग कुछ छद्म-समस्याओं, जड़ीभूत नारों का ही समर्थन या विरोध करते रहते हैं। आज कल राजकाज में मदद करनेवाली सारी विद्याएँ-अर्थशास्त्र हो या राजनीति शास्त्र या

अन्तर्राष्ट्रीय सम्बन्धों का शास्त्र-विजातीय विचारों से बनी हुई हैं। इस तरह आपके पास विचार नहीं हैं तो राजसत्ता भी नहीं है, और जैसे ही आपके पास थोड़ी बहुत समृद्धि आने की सम्भावना होती है, तो आप ऐसी बातें करते हैं जैसे उस समृद्धि को लात मारने की इच्छा से ग्रस्त हों। भारतवर्ष में पहले 'एनलाइटमेंट प्रोजेक्ट', फिर 'मार्क्सवादी प्रोजेक्ट' और फिर 'आम आदमी प्रोजेक्ट' ये सारे प्रोजेक्ट समृद्धि पैदा करनेवाले वर्ग का अपमान करते हैं। समृद्धि पैदा करने की कोई युक्ति होने पर आपके सामने आम आदमी को ला कर खड़ा कर दिया जाता है मानो समृद्धि ला कर आप किसी ग़रीब की हत्या कर रहे हैं, उसका अपमान कर रहे हैं। इस तरह के विरोधाभास जब समाज पर हावी हो जाते हैं तब ऐसी शक्तियों को बल मिलता रहता है जो समाज में विभेद पैदा करनेवाले होते हैं, समाज के सदस्यों में अपने पूर्वजों पर शर्म करने की प्रवृत्ति पैदा करते हैं, राज्य को हमेशा क्षीण करते जाते हैं। कोई भी देशप्रेमी यह देख सकता है कि हमारा देश बहुत ही शक्तिहीन अवस्था में पहुँचा हुआ है, बहुत ही दुरवस्था में पड़ी हुई सभ्यता है, भले ही हमारे संचार माध्यम हमारे सन्तोष के लिए हमारे विश्व की तीसरी बड़ी ताकत बनने का प्रचार कर रहे हों। भारत में सभ्यता मृत पड़ी हुई है। भारतवर्ष के पढ़े-लिखे अपने अज्ञान में ही इतने अभिमानी हो रहे हैं कि उन्हें अपने चारों ओर पड़ी हुई यह लाश दृष्टिगोचर नहीं होती। जिन लोगों में ज़रा भी अपनी स्थिति का सही एहसास है उनका यह कर्तव्य हो जाता है कि अज्ञान की इन ताकतों को बेनकाब करें, भारतवर्ष में दैन्य बढ़ानेवाली नीतियों का विरोध करें और जिन नीतियों से देश की शक्ति में थोड़ी-सी वृद्धि हो (चाहे वह 'न्यूक्लीयर डील' के ज़रिये हो चाहे अणु बम बनाने के ज़रिये हो, जिसके ज़रिये भारत के वैज्ञानिकों को अवसर और सुविधाएँ मिल सकें, उनकी शोध क्षमता विकसित हो और देश की सामरिक शक्ति कुछ बढ़ती हो) उसका समर्थन करें। इस तरह की नीति को अपना कर हम सभ्यता को सशक्त करने में सहायक होंगे।

> पर क्या यह भी सच नहीं कि हमारी परम्परा में अपनी सभ्यता को सशक्त करने की सामर्थ्य बहुत पहले से नहीं रही।

भारत में सत्य या ज्ञान का स्वरूप कुछ ऐसा बना कि मनुष्य के जीवन का

लक्ष्य मोक्ष हो गया। चार पुरुषार्थों पर ज़रूर बल दिया गया लेकिन धीरे-धीरे उनमें भी मोक्ष ही प्रधान हो गया। अन्य पुरुषार्थों के लिए जिस प्रकार का ज्ञान पहले विकसित हुआ था अर्थशास्त्र, धर्मशास्त्र, कामशास्त्र उनको समझने की क्षमता ही धीरे-धीरे कम हो गयी। बल्कि यह कहिये कि हमें यह भी चेतना नहीं रही कि हमारे ऐसे भी कुछ शास्त्र हैं जो अर्थ और काम की विवेचना करते हैं और इनको भी मनुष्य का लक्ष्य बताते हैं। हज़ार वर्षों से हमारा इतिहास ऐसा हो गया, हम ऐसी संकटापन्न स्थितियों का सामना करते रहे कि पूरी सभ्यता कैसी हो, इस ओर से दृष्टि विरत हो गयी। कह सकते हैं कि परिस्थितियाँ ऐसी बन गयीं, ऐसी बाध्यताएँ आ गयीं कि हमारी दृष्टि अन्तर्मुख हो गयी, बहिर्मुख नहीं रही। कभी-कभी चमत्कारवश समृद्धि आ गयी, शिल्प-श्रमिक सशक्त हो गये राज्यसत्ता मज़बूत हो गयी और विचार भी बन गये, जैसे विजयनगर साम्राज्य बन गया और वहाँ विचार, समृद्धि और राज्य में एकलक्ष्यता आ गयी तो उसे दो-तीन शताब्दी तक चला अपवाद या चमत्कार ही समझना चाहिए।

भारतवर्ष में इस समय अनेक राजनीतिक पार्टियों के लोगों के अनेक लक्ष्यों, कार्यक्रमों को देखने पर, अनेक संचार संस्थाओं द्वारा हो रहे प्रचार को देख कर, अनेक विशेषज्ञों और सार्वजनिक क्षेत्र में टीका करनेवाले लोगों की बातें सुन कर, पत्र-पत्रिकाओं में लिखनेवाले लोगों की बातें पढ़ कर कभी भी ऐसा प्रतीत नहीं होता कि इन लोगों के सामने कोई दीर्घकालीन लक्ष्य है। उन्हें यह भी पता नहीं है कि वे जिस बात की वकालत कर रहे हैं उसका भारतवर्ष के समाज और उसके सबसे ग़रीब तबके पर भी क्या दीर्घकालिक असर पड़नेवाला है। इस कारण सरकारी बजट का बहुत बड़ा भाग ऐसे कार्यों के लिए निर्धारित हो जाता है जो कहने के लिए तो समावेशी विकास को बढ़ावा देने के लिए होते हैं लेकिन वे भ्रष्टाचार को बढ़ावा देकर हर तरह के विकास को क्षति पहुँचाते हैं और देश को समृद्ध होने से रोकते हैं। बहुप्रशंसित मुख्यमन्त्री नीतीश कुमार अपने राज्य में क़ानून व्यवस्था को तो कुछ ठीक कर पाते हैं लेकिन राज्य में शिक्षा के क्षेत्र में जितने बड़े पैमाने पर घोटाला हो रहा था उसकी भनक भी उन्हें बहुत दिनों बाद ही लगती है। खुदरा व्यापार में १०० प्रतिशत विदेशी पूँजी लगने का विरोध इस अनसोचे आधार पर

किया जाता है कि पड़ोस की किराना दुकानें बन्द होने लगेंगी और 'आपूर्ति शृंखला' में नष्ट हो जा रही उपज और इस कारण बढ़ती हुई क़ीमतों पर ध्यान नहीं जाता। आज कल सारी दुनिया में भूमण्डलीकरण के विरोध का एक फैशन है, कुछ वर्षों से कुछ अर्थशास्त्री और कुछ ग़ैरसरकारी संगठन और 'सिविल सोसायटी' के कार्यकर्ता इसका झण्डा उठा करके दुनिया भर में घूम रहे हैं। भारतवर्ष में धीरे-धीरे इसे सर्वमान्य जैसी स्वीकृति देकर अपना लिया गया है। लेकिन यह है क्या, क्या विदेशी व्यापार एकतरफा शर्तों पर चलता रह सकता है? क्या बिना विदेशी व्यापार के किसी तरह की समृद्धि आ सकती है? भारतवर्ष मोहनजोदड़ो और हड़प्पा के ज़माने से ही 'भूमण्डलीकृत' है। भारतवर्ष में समृद्धि तभी आयी है जब वह 'भूमण्डलीकृत' था। पिछले तीन दशकों में चीन ने कम्युनिज्म के एकतन्त्र को तो बनाये रखा लेकिन आर्थिक विकास के क्षेत्र से उन सारी रूढ़ मान्यताओं का परित्याग कर दिया जिनके कारण वह कम्यूनिस्ट देश कहलाता था। उसने विदेशी पूँजी का आगे बढ़ कर स्वागत किया। परिणामस्वरूप वहाँ बीस वर्षों के भीतर ही भारतवर्ष की तुलना में कई सौ गुना विदेशी पूँजी लग गयी। वह उन देशों से भी आयी जिन्हें चीन अपना शत्रु देश मानता रहा था। उदाहरण के लिए ७० प्रतिशत से अधिक पूँजी ताइवान की कम्पनियों से आयी, वह जापान से आयी, वह अमरीकी कम्पनियों से आयी। चीन ने पश्चिमी अर्थशास्त्र में कई संशोधन करके अपना वित्तीय ढाँचा बनाया है। भारतवर्ष में भी ऐसा क्यों नहीं हो सकता कि कुछ दिनों तक ऊपर उल्लिखित आलोचनाओं की उपेक्षा करके केवल समृद्धि पैदा करने के कार्य में लगा जाय।

भारतवर्ष में बहुत सारी दुर्बुद्धि इस कारण आती है कि सरकारी ढाँचा तमाम तरह के विभागों में विकसित हुआ है और हर विभाग का कार्य गोपनीय ढंग से होता है, उसमें कोई पारदर्शिता नहीं होती, हर विभाग का लक्ष्य अन्य विभागों के लक्ष्यों से अलग होता है। हर विभाग अपनी योजना अलग बनाता है। उसका कार्यान्वयन शुरू कर देता है। उदाहरण के लिए, अपने देश के जल संसाधनों के प्रबन्ध में होनेवाले दोषों को ले लीजिए। बड़े-बड़े बाँधों की योजनाएँ कब बन जाती हैं इसका उस विभाग के मन्त्रियों और प्रधानमन्त्रियों तक को पता नहीं होता, पता नहीं किस तरह बजट में उनके लिए प्रावधान भी हो जाता है और उन पर कार्य

भी शुरू हो कर ऐसी अवस्था में पहुँच जाता है कि जब कुछ लोग उन त्रुटियों के दूरगामी परिणामों से अवगत करा रहे होते हैं तब तक वह कार्य सम्पन्न हो चुका होता है। भारतवर्ष की अधिकांश नदियाँ इस कारण नष्ट हो रही हैं कि उनके तटवर्ती नगरों में लगे हुए उद्योगों के दूषित पदार्थों का निकास इन नदियों में होता है, नगर में पैदा होनेवाला मल-मूत्र और कूड़ा नदियों में बहाया जाता है, नदियों में ऊँचाइयों पर बाँध बना दिये जाते हैं और उनकी जलधारा बदल दी जाती है। परस्पर विरोधी लक्ष्य वाले ये विनाशकारी कार्य करने में राज्य के अनेक अंग लगे हुए हैं। जब इन समस्याओं का पता चलता है और लोग आवाज़ उठाने लगते हैं तो सरकार एक विभाग और खोल देती है और उसके लिए कुछ बजट दे देती है कि इन नदियों की सफ़ाई की जाय। मूल दोष के मूल स्रोत अर्थात् सम्बद्ध विभागों और उनके कार्य पर कोई रोक नहीं लगायी जाती। बिना बड़े पैमाने पर सलाह-मशविरा हुए, बिना पारदर्शिता लाएँ और बिना सारी सूचनाओं को सार्वजनिक बनाये बड़ी-बड़ी योजनाएँ बनाने के भयंकर परिणाम हो रहे हैं। आश्चर्य की बात है कि आज बहुत से कवि लोग भी भूमण्डलीकरण, नव उपनिवेशवाद और रंगवाद के विरोध में कविताएँ लिख रहे हैं, लेकिन आश्चर्य नहीं भी होना चाहिए क्योंकि मार्क्सवाद नाम का वैचारिक अन्धकार हर तरफ़ छाया हुआ है।

राज्य के विभिन्न अंगों के इन सब कार्यों का सभ्यता के तमाम क्षेत्रों पर असर पड़ता है। किस तरह का आर्थिक विकास हो रहा है उस तरह की ही प्रवृत्तियाँ समाज में पनपती हैं। भाँति-भाँति के कार्यों के दीर्घकालीन परिणामों से अवगत रहना, उन कार्यों के होने के बाद नहीं बल्कि उनकी योजना बनाने के पहले ही उसके मूल स्रोत को पहचानना यह सारी बातें उन सब लोगों के ध्यान में आनी चाहिए जो इस सभ्यता के अंग हैं। जितना सम्भव हो, तरह-तरह के पश्चिमी वादों का अनुगामी बन कर समाज में सिर्फ़ वैमत्य बढ़ाने के बजाय इन समस्याओं पर एकमत होने का प्रयत्न होना चाहिए। साहित्य के क्षेत्र में भी साहित्य के मानदण्डों के बारे में वैमत्य अनावश्यक है, बहुत सारा मतभेद अज्ञान के कारण होता है।

हम इस बात पर आगे बढ़ें उसके पहले मैं यह जानना चाहता हूँ कि आपका बड़ौदा डायनामाइट केस से किस तरह का सम्बन्ध

बना था? क्या उसमें शामिल सभी लोग समाजवादी ही थे?

उसमें ज़्यादातर समाजवादी मित्र ही थे। उसके पहले तक मैं 'प्रतिपक्ष' का काम देख रहा था। फिर उससे अलग हो कर मैं अपनी प्रकाशन संस्था स्थापित करने में लगा था। इसी बीच आपातकाल की घोषणा हो गयी। हमारे बहुत सारे मित्र गिरफ़्तार हो गये। एक दो हफ़्ते बाद पुलिस ने आ कर 'प्रतिपक्ष' के दफ़्तर में ताला लगा दिया। बड़े नेता पहले ही गिरफ़्तार किये जा चुके थे। बाद में पुलिस हमारे जैसे लोगों पर भी ध्यान देने लगी। महीने दो महीने बाद मुझे भूमिगत होना पड़ा। मैंने अपने घर पर रहना छोड़ दिया। मैं एक मित्र के घर छिप कर रहने लगा लेकिन अन्ततः पुलिस ने पता लगा लिया और मुझे पकड़ कर ले गये।

'मीसा' के दौरान क्या आप दिल्ली की जेल में ही थे?

मुझे जब पहले गिरफ़्तार किया गया वे मुझे पट्टी बाँधकर कहीं ले गये। बहुत देर तक गाड़ी में ही घुमाते रहे। जब पट्टी खुली तो मैंने पाया कि मैं एक कोठरी में हूँ जिसमें लगता था कभी सफ़ाई ही नहीं हुई थी या शायद उसमें जानबूझकर कूड़ा डाल दिया गया था। उस गर्मी में एक बहुत पुराना गडेरियों का बुना हुआ कम्बल बिछाने के लिए था और एक ओढ़ने के लिए। वहाँ बड़े-बड़े मच्छर कभी कम्बल ओढ़ने को मजबूर करते थे तो गर्मी कम्बल को शरीर से उठा कर फेंकने के लिए मजबूर करती थी। रातभर सो नहीं सका, दूसरे दिन सुबह कुछ सिपाही आ कर मुझे 'इंटेरोगेशन' रूम में ले गये। वहाँ दो-तीन पुलिस के अफ़सर बैठे थे। उन्होंने कुछ प्रारम्भिक पूछताछ की फिर मुझे एक दूसरे कमरे में ले जाया गया जहाँ एक और अफ़सर बैठे थे। उन्होंने इस तरह के सवाल पूछे जिससे उन्हें यह पता लग सके कि हम लोग किस तरह के षड्यन्त्र में लगे हुए हैं, क्या-क्या करना चाहते हैं, क्या-क्या कर चुके हैं, जॉर्ज फर्नांडिस कहाँ छिपे हुए हैं आदि। पुलिस इस क़िस्म की पूछताछ में पकड़े गये व्यक्ति के मनोबल को तोड़ने की कोशिश किया करती है। मुझे यह पता था क्योंकि मैंने आर्थर कोसलर की 'डॉर्कनेस एट नून' पढ़ी थी। यह उपन्यास जागरुक समाजवादी कार्यकर्ताओं द्वारा पहले बहुत पढ़ा जाता था। कुलकों द्वारा छिपा कर रखे गये अनाज को सोवियत सरकार द्वारा जब्त किये जाने

के सन्दर्भ वाले इस उपन्यास में एक कमिस्सार द्वारा कुलकों को बुला कर उनसे पूछताछ करने का वर्णन है। एक अफ़सर जब पूछताछ करके थकने के बाद बाहर निकला तो वहाँ उसने देखा कि एक बुढ़िया खड़ी थर-थर काँप रही है। शायद वह वहाँ सुबह से ही खड़ी थी और अब आधी रात बीत रही थी। उसे नींद आ रही थी पर वह सो नहीं पायी थी। नींद के अभाव से वह इतनी टूट गयी कि वह कमिस्सार को बिना पूछे ही तुरन्त बताने लगी कि उसने अपना अनाज कहाँ छुपा रखा है। कमिस्सार को यह तुरन्त समझ आ गया कि अगर किसी को देर तक जगा कर रखा जाय तो उसकी प्रतिरोध शक्ति क्षीण हो जाती है और वह तुरन्त सारी बातें उगल देता है। यह बहुत समय से पुलिस द्वारा अपनाया गया पूछताछ का एक तरीक़ा है। चूंकि मैं इस बात को जानता था, मैं उसके लिए तैयार था। रात को गन्दे कमरे में जहाँ बड़े-बड़े मच्छर थे, उसमें भीषण गर्मी में बिछाने को एक कम्बल था और एक कम्बल ओढ़ने को, यह इसीलिए था कि नींद न आये और हर तरह से ऐसा किया जाय कि सोने को न मिले। जिन दिनों मैं गिरफ़्तार हुआ मैं दो-तीन पुस्तकें पढ़ रहा था जिनमें से एक प्रवासी रूसी लेखक इवान मूचनिक की 'दोस्तोयवस्की' पर लिखी हुई बृहदाकार किताब थी। दोस्तोयवस्की के जीवन और विचारों के विषय में उतनी सूक्ष्म और विस्तृत विवेचना आपको अन्यत्र नहीं मिलेगी। गिरफ़्तारी के वक्त मेरे हाथ में वह पुस्तक थी इसलिए मैं वह लिए रहा। उन्होंने मुझे वह किताब अपने पास रखने दी। सेल में मुझे नींद नहीं आती थी तो एक कोने में आ रही रोशनी में मैं वह किताब पढ़ने लगता था। फिर थोड़ी देर में नींद आती, फिर मच्छरों के कारण उचट जाती, फिर मैं वह किताब पढ़ने लगता था। मूल प्रश्न यह था कि पूछताछ करनेवाले पुलिस अफ़सरों को इस खेल में किस तरह हराया जाय। वे मुझे जगाये रखंना चाहते थे ताकि मेरी अवरोध शक्ति क्षीण हो जाय। मुझे जगाये रखने में वे सफल रहे लेकिन अपने प्रश्नों के उत्तर में वे जो जानकारी चाहते थे उसके बजाय मैं उन्हें अन्य तरह की जानकारी दिया करता था जो उनको धीरे-धीरे विश्वसनीय लगने लगी। फिर पाँच-छह दिनों तक लगातार 'इंटेरोगेशन' के बाद उन्होंने पाया कि कोई नयी बात नहीं पता चल रही है तो फिर उन्होंने हमें जेल भेज देने का निश्चय किया। जहाँ मैं 'इंटेरोगेशन' के दौरान रखा गया था वह जगह लाल किला के भीतर थी ऐसा अनुमान था। बाद में इस बात की पुष्टि हो

गयी। पाँचवें दिन मुझे एक पुलिस स्टेशन में ले गये, वहाँ से कचहरी और कचहरी से मुझे जेल में रखने की अनुमति मिल गयी। इस तरह मैं तिहाड़ जेल में आ गया। वहाँ अन्य राजनैतिक क़ैदी भी थे। जिस वार्ड में मुझे रखा गया उसमें मेरे कुछ पुराने मित्र भी थे।

आपने यह नहीं बताया कि आप बाद के वर्षों में बीच-बीच में कहाँ अन्तर्धान हो जाया करते थे?

१९७७ में जेल से छूटने के बाद मैं १९८४ तक कालिन्दी कॉलोनी में था तब तक सबसे मिलना-जुलना होता था। फिर मेरा मकान छूट गया। मेरे पास रहने की कोई जगह नहीं बची। कभी किसी मित्र के यहाँ रहा, कभी कोई जगह किराये से लेकर अपना सामान डाला। कभी रामकृष्णपुरम् में रहता था, कभी नोएडा में। तब से लेकर वसन्तकुंज एन्क्लेव के इस मकान जिसमें हम बैठे हैं, के बनने तक जगह-जगह भटकता रहा। कोई निश्चित आवास नहीं था। चूँकि मैं हर महीने वेतन पानेवाला व्यक्ति नहीं था इसलिए मुझे किराये से मकान मिलने में भी मुश्किल होती थी। कभी मुझे नोएडा में मकान मिला तो मैं दो वर्ष वहाँ रहा। बीच-बीच में अखिल भारतीय पंचायत परिषद के हॉस्टल में रहता रहा। दो-तीन वर्षों तक मैं मीजोरम आता-जाता रहा। वहाँ मुख्यमन्त्री का आर्थिक सलाहकार था। उस बीच मैंने कोई दस-पन्द्रह बार सोवियत रूस और मध्य एशिया के देशों की यात्रा की होगी। उन दिनों इन देशों के साथ व्यापार बढ़ने से दोनों देशों का राजनीतिक और आर्थिक लाभ था। लेकिन भारतवर्ष की नौकरशाही ने यह होने नहीं दिया। किसी व्यापार की सम्भावना पक्की हो जाने पर हम किसी सरकारी या निजी क्षेत्र की व्यापारिक संस्था को उस व्यापार में हाथ डालने के लिए राजी करते थे। यह कार्य करने में भी बहुत तरह के अनुभव हुए और वैदेशिक-राजनीतिक और आर्थिक क्षेत्रों में एक अन्तर्दृष्टि पैदा हुई। सोवियत प्रणाली की बारीकियाँ समझ में आ गयीं साथ ही सोवियत असफलता के कारण भी समझ में आये। इस तरह की तमाम ग़ैर-लेखकीय अवस्थाओं में रहते हुए बहुत से साहित्यिक लोगों से मुलाकात होना बन्द हो जाता था। कभी-कभी इतनी ग़रीबी हो जाती थी कि अपनी परेशानियों में अपने मित्रों से भी मिलने की इच्छा नहीं होती थी। बहुत बार मेरा कोई निश्चित पता ही नहीं रहता था।

आप पिछले दिनों बहुत सी एक तरह से तीर्थ यात्राएँ कर रहे हैं। पहले आप कम्बोडिया के अंकोरवट गये, वहाँ के मन्दिर देखे, फिर कर्नाटक गये और वहाँ से केरल गये, वहाँ के मन्दिर देखे। इसके पीछे आपकी क्या दृष्टि रही है।

इस वय में पहुँचने के बाद मुझे यह अनुभव होने लगा कि मैंने अपने पुरखों की कृतियों को बहुत कम देखा है। पहले जब कभी बैंगलोर या चैन्नई जाना होता था, शहर में ही रह कर अपना काम कर वापस आ जाते थे। अब यह लगता है कि इनके आसपास जो पुराने स्थान हैं जो हमारी धरोहर हैं उन्हें सिर्फ़ पढ़ कर नहीं जाना जा सकता, उन्हें देखना भी चाहिए। पहले संयोग से कुछ जगहों पर गया था। एक बार कोलकत्ता में हुए अखिल भारतीय कवि सम्मेलन में हिन्दी से श्रीकान्त वर्मा गये थे। मैं उन दिनों कलकत्ता में था। श्रीकान्त जी के साथ यह तय हुआ कि उड़ीसा चला जाय और पुरी, भुवनेश्वर, कोणार्क आदि स्थानों में हम घूमें। फिर इन सब चीज़ों को देखने के अवसर बहुत कम हो गये। इसलिए प्रति वर्ष तीन–चार नयी जगहों पर जाने का कार्यक्रम बनाता रहा हूँ। वहाँ जा कर पाता हूँ कि मेरे भीतर श्रद्धा की मात्रा कुछ बढ़ गयी है, निष्ठा का अंश अधिक हो गया है, जिज्ञासा का दायरा बड़ा होता जा रहा है।

अंकोरवट में आपका क्या अनुभव रहा?

विराट सचमुच क्या हो सकता है, इसकी कल्पना मुझे अंकोरवट के मन्दिरों के सामने बैठ कर हुई। इसमें विराट को आप आध्यात्मिक अर्थ में भी ले लीजिए और देशकालगत अर्थ में भी ले लीजिए। वह सचमुच विराट है। इस विराट संरचना के लिए किस प्रकार की सभ्यता अपेक्षित थी। हमने अभी कुछ पहले बात की थी कि सभ्यता किन–किन तत्वों से बनती है। कितनी शताब्दियाँ लगी होंगी कि एक साम्राज्य विकसित हुआ होगा, एक भूभाग पर फैला होगा। कितनी शताब्दियों में कितने व्यापारी अपने व्यापार में लगे होंगे कि पूरे साम्राज्य में समृद्धि आये, लोग कुशल मंगल से रहें। इस कुशलता की भावना के विकास के लिए कितने विचारक पैदा हुए होंगे। कितने शिल्प श्रमिकों का योगदान रहा होगा। भारतवर्ष से कितने ब्राह्मण गये होंगे, कितने भिक्षु गये होंगे। राजाओं में वह आस्था

कैसे उदित हुई होगी कि वे किसी ब्राह्मण से शिव की पूजा का अधिकार पा सकें, उसकी पूरी प्रक्रिया समझ सकें। उन्होंने भगवान शिव और भगवान बुद्ध में भेद कैसे देखा होगा, और उनको एक कैसे बनाया होगा। तमाम पश्चिमी भारतविद् विद्वान आजकल शैवों और बौद्धों के बीच चले द्वन्द्व और महासमर की कल्पना करने में लगे हुए हैं। अंकोरवट के एक ही मन्दिर में शिवलिंग और बुद्धि मूर्ति साथ-साथ विराजती हैं, यह किस दैवी कल्पना से सम्भव हुआ, उसी मन्दिर में महाभारत और रामायण की पूरी कथाएँ चित्रित हैं, जातक कथाएँ भी चित्रित हैं। यह सब एक साथ होना किस महाकल्पना का विन्यास है। कितनी शताब्दियों तक कितने लोगों ने इन मूर्तियों को बनाने के लिए काम किया होगा, उनकी मज़दूरी कैसे आयी होगी। सबसे अधिक यह सोचने की बात है कि इस पूरे कार्य का नियोजन कैसे हुआ होगा? अंकोरवट केवल मन्दिर नहीं है वह राजधानी भी है, राजप्रासाद भी है। वह आस-पास के देशों पर विजय प्राप्त करनेवाली सैन्य शक्ति भी है, वह ऐसा व्यापारिक केन्द्र भी है जहाँ अनेकों देशों के लोग व्यापार के लिए आया करते रहे होंगे। आज कम्बोडिया बहुत छोटा-सा देश है। वहाँ कभी भी बहुत ज़्यादा आबादी नहीं रही होगी और अंकोरवट वहाँ अकेला मन्दिर नहीं है, उस श्रेणी के वहाँ कम से कम छह मन्दिर हैं। इसके अलावा पूरे कम्बोडिया में एक हज़ार तक प्राचीन मन्दिर बचे हुए हैं। कम्बोडिया के राजा किस तरह का राज्य चलाना चाहते थे, उसे किस तरह वह परिकल्पित करते थे। वहाँ किस तरह से देवता परिकल्पित होते थे, किस तरह से पृथ्वी, पहाड़, जल आदि की परिकल्पना थी, इस सबका अनुमान आप अंकोर के सामने बैठ कर कर सकते हैं। मन्दिरों के चारों ओर जो जल है, वह पेय जल की तरह उपयोग में आता था। एक सभ्यता के समक्ष आनेवाली तमाम समस्याओं का हल इन मन्दिरों में मिलता है।

आपकी एक कविता हम सबको बड़ी प्रिय है, जिसमें भारतीय सभ्यता, उसमें करुणा के स्वरूप आदि कई चीज़ों की अनुगूंजें हैं। यह कविता सालों पहले प्रकाशित हुई थी। यह आपके नये कविता संग्रह 'खुले में आवास' में 'नैहर आये' नाम से प्रकाशित है। क्या आप इस कविता के विषय में कुछ कहेंगे? यह किस तरह लिखी गयी थी?

माताएँ, बेटियों का लालन-पालन कर उन्हें बड़ा करती हैं। बेटियाँ एक सक्षम स्त्री, एक प्रिय पत्नी और एक कुशल वत्सल माँ बन सकें, भविष्य का जो जीवन होगा उसके लिए उन्हें कुछ शिक्षित करती हैं, फिर उनकी शादी के लिए व्यग्र हो जाती हैं। शादी करवा कर उन्हें ससुराल भेज देती हैं। ससुरालों में भी स्नेह सम्बन्ध बनते हैं। पर माँ के कुछ बेटे भी होते हैं, वह बेटों को भी देखती है। वे घर का कार्य निभा रहे होते हैं। माँ को अपने पति की टहल करनी भी होती है, वे वृद्ध हो रहे होते हैं। इन तमाम सम्बन्धों में कुछ कहा तो कुछ बहुत कुछ अनकहा होता है। इन सम्बन्धों का निर्वाह भी सरल नहीं होता। इनमें तमाम तरह की विसंगतियाँ और समस्याएँ पैदा होती रहती हैं जो हर एक के जीवन में ज़हर घोल रही होती है। हमारे समय के गाँवों में संयुक्त परिवारों में कैसे-कैसे द्वन्द्व उभरते हैं, उन द्वन्द्वों की वजह से क्या-क्या भाव उनके मन में उत्पन्न होते हैं। बेटियाँ विवाह के बाद ससुराल जा कर किन्हीं त्योहारों पर लौट कर वापस मायके आती हैं, फिर वापस ससुराल चली जाती हैं। इस बीच उन्हें अपने ससुराल में मीठे अनुभव भी हुए होते हैं, कुछ कटु अनुभव भी हुए होते हैं। इसके अलावा अलगाव, मिलने और दोबारा होनेवाले अलगाव के जो अनुभव मगही और भोजपुरी लोकगीतों में आते हैं उनका अपना विशिष्ट अनुभव है। हिन्दी के लोकगीतों में इन्हीं प्रसंगों पर सबसे अधिक करुण रचनाएँ की गयी हैं। मेरे चित्त के निर्माण में इस करुण रस का बहुत बड़ा स्थान है, वही चित्त उस कविता में आया है।

> क्या पहले यह काफ़ी लम्बी कविता लिखी गयी थी और बाद में आपने उसे तराश कर संक्षिप्त किया है?

यह कविता जैसी है क़रीब-क़रीब वैसी ही लिखी गयी थी। एक-दो शब्द हो सकते हैं इधर-उधर हुए हों या परिवर्तित हुए हों।

> मैं यह इसलिए पूछ रहा था क्योंकि इस कविता में जिसे संगीत की भाषा में कटिंग कहा जाता है, वह इतना बारीकी से किया गया है, एक प्रसंग के बाद दूसरा इतनी ख़ूबसूरती से उपस्थित होता है कि लगता है इसे बहुत तराशा गया होगा।

बहन, बेटी, माँ के मिलन के अवसर पर शब्दों का आदान-प्रदान तो शायद कम ही होता है लेकिन चेहरे पर तरह-तरह की भावनाएँ बनती-उभरती और मिटती रहती हैं। चेहरे पर उभरनेवाले इन चित्रों से पति-पत्नी, बहन-भाई, सास-ननद आदि सबके बारे में तमाम संश्लिष्ट बातें समझ में आ जाती हैं जिन्हें प्राय: कहा नहीं जा सकता। इस छोटी-सी कविता का हिन्दी कविता में शायद कोई स्थान नहीं होगा। किसी अन्य से मैंने इसका उल्लेख भी नहीं सुना हालाँकि मुझे हमेशा इस बात का थोड़ा गुमान रहा है कि मेरे हाथ से ऐसी कविता लिखी गयी है जिसमें मेरे बहुत से अनुभव संकेन्द्रित हो गये हैं। आप ने इस कविता को पकड़ लिया और बहुत हद तक समझ भी लिया। इस छोटी-सी कविता में इतना कहा गया है जितना किसी बड़ी कविता में नहीं आ सकता था। आपने इसको समझने की कोशिश की तो यह बात सिद्ध हुई कि यह लिखा अकारथ नहीं गया।

कमलेश का एक आलेख

रजा फ़ाउंडेशन द्वारा सितम्बर २०११ में दिल्ली में आयोजित लेखकों, कवियों, कलाकारों के एक शिविर में भिन्नमतों के समक्ष मुझे अपनी बात कहने का अवसर दिया गया। मुझे कविता के विषय में कुछ ऐसा लगा—सभी भाषाओं में (केवल एक व्यक्ति द्वारा बोली जानेवाली भाषा की भी कल्पना की जा सकती है तो उस भाषा में भी) कभी भी, अतीत भूतकाल में और अकल्पनीय हो जानेवाले भविष्य में भी जो कविताएँ लिखी गयीं या लिखी जा सकती हैं वे सब एक लोक का अवयव हैं और इस लोक से संवाद में ही विशेष कविता का अवतरण होता है। कविता इस तरह काव्यलोक के साथ अनवरत चल रहा संवाद है।

वहाँ मेरा कथन सुन रहे श्री उदयन वाजपेयी को बात के वैचित्र्य में कुछ रस मिला। उन्होंने 'समास' में छपने के लिए मुझसे इस कल्पना को निबन्धित करने का आश्वासन लिया। कहीं दूरवर्ती भविष्य में किसी मुकाम पर बैठे हुए एक पाठक की खोज में (जिसके लिए सब कुछ लिखा या बोला जाता है) गुरुओं से सुनी या पढ़ी यह कल्पना लिपिबद्ध की गयी है।

—कमलेश

काव्यलोक से अनवरत संवाद में कविता का जन्म

काव्य रचना, काव्यकर्म के विषय में भाँति–भाँति से सोचा गया है। सौ–डेढ़ सौ वर्ष पहले ही या उसके भी पहले इस विषय में जो कहा जाना था सम्पन्न हो चुका है। काव्याचार्य लोग संस्कृत में भी, ब्रज में भी और हिन्दी में भी अपना कार्य कर चुके हैं। उस सोच में कुछ नया जोड़ने की कोशिश करना बहुत बुद्धिमत्ता नहीं है। उसे पुनर्कल्पित किया जा सकता है। यह तो नहीं कहा जा सकता कि पहले सोचे गये में कल्पना का पुट नहीं है। हम यह अवश्य कहेंगे कि भरपूर कल्पना के द्वारा ही कविता देवी की आराधना हो सकती है। यथा—'हे देवि, तुम्हारे जैसा कोई नहीं जिसका शरीर भी कल्पना का है, जिसकी आत्मा भी कल्पना की है, जिसकी मुखाकृति भी कल्पना की है, जिसके शरीर पर कल्पना के ही वस्त्र–परिधान सुसज्जित हैं, कल्पना के आभूषणों से ही तुम शोभित हो रही हो, कल्पना लोक में ही तुम्हारा वास है। यह कल्पना तेजोमय है, इसीलिए हे देवी, तुम तेजपुंज हो, उज्ज्वल हो, तुम्हारे तेज़ से हम अभिभूत हैं और तुम्हारे अनुग्रह के पात्र हैं।' काव्य देवी की इस आराधना के बाद ही काव्यलोक में प्रवेश पाना कुछ सहज होना चाहिए। लेकिन वहाँ कल्पना–यान पर ही जाना पड़ेगा। सारे शास्त्रकार कह गये हैं कि वहाँ सबका जाना कठिन है, वहाँ कुछ ही लोग जा सकते हैं। इसलिए हर किसी को वहाँ आने का निमन्त्रण नहीं मिल सकता। काव्य देवी की कृपा पाने के लिए बार–बार यह प्रार्थना की जा सकती है कि 'हे देवि, हमारी प्रसुप्त कल्पना को जाग्रत करो ताकि हमें तुम्हारा दर्शन प्राप्त हो।'

यहाँ तक बात केवल एक रूपक की है जिसमें किसी का पहले सोचा हुआ कुछ दोहराया गया है। हम प्राय: 'कविताएँ कहाँ से आती हैं' इस पर अधिक सोचते नहीं हैं। पुस्तकों में दिये गये कुछ कथनों को वैसे ही

स्वीकार कर लेते हैं। उन्हीं पुस्तकों में दिये गये कुछ अन्य कथनों को नज़रन्दाज़ भी कर देते हैं। तात्पर्य यह है कि हमें जिन प्रश्नों पर जितनी गम्भीरता से सोचना चाहिए, उतनी हम कम ही कर पाते हैं। इन्हीं प्रश्नों में यह प्रश्न भी है कि काव्यलोक क्या होता है? उसकी क्या स्थिति है?

हमारे भाषालोक में हमेशा लोक बहुलता रही है। इस कारण हमारे लिए यह असहज नहीं है कि हम अपनी प्रात:काल की आराधना में भूलोक, भुव:लोक, स्व:लोक, महत्लोक आदि का दर्शन करें, देशकाल-अनुस्मरण करते हुए अपने को पृथ्वीलोक पर, जम्बू द्वीप में, आर्यावर्त के भरत खण्ड में किसी स्थान पर स्थित मानें और अपने शरीर के चक्रों में ही सम्पूर्ण ब्रह्माण्ड का दर्शन करते हुए अपने स्थान को ही पूरे ब्रह्माण्ड का केन्द्र बना लें। प्रश्न है कि हम ऐसा करें। यदि हमारी पीढ़ी में ऐसा करने की रीति न रह गयी हो और इस स्थिति में पहुँचने के बाद भी हम अपनी स्थिति का स्मरण करने से भी कतराते हों तो मान लेना चाहिए कि हम काव्य लोक में प्रवेश करने के इच्छुक नहीं हैं।

एक विकल्प यह है कि हम किसी मनोचिकित्सक के पास जाएँ। आज के बौद्धिक वातावरण में पश्चिमी मनोविश्लेषण की नयी-नयी धारणाएँ अपना सिर उठाती रहती हैं। उनमें से किसी धारणा के अभ्यासकर्ता के पास चले जाएँ तो वह अपनी शब्दावली में काव्य रचना को अवचेतन में पड़े हुए की अभिव्यक्ति के रूप में देख लेगा। तब प्रश्न उठेगा कि रचना में अवचेतन से कोई तत्त्व आया है, इसका पता कैसे चले? अवचेतन के बारे में तो हमें कुछ ज्ञात हो नहीं सकता। तब मनोविश्लेषक हमसे लम्बी बातचीत करके, हमारे स्वप्नों और हमारी कल्पनाओं, इच्छाओं का अध्ययन करके, हमारे अवचेतन के उन स्वप्नों और इच्छाओं के सम्बन्धों पर कुछ प्रकाश डालने का दावा करेगा। तब भी उसमें कुछ निश्चयात्मकता नहीं होगी। अभी तक विज्ञानों, मनोविज्ञानों और अन्य पश्चिमी विद्याओं द्वारा सृजनात्मकता को समझने के जो भी प्रयत्न देखने में आये हैं उनसे न तो मन के ऊपर और न ही काव्यकृति के ऊपर कोई निश्चयात्मक प्रकाश पड़ता लगता है या इस प्रश्न की कोई प्रमाणिक टीका उपलब्ध होती है।

किसी भी विषय पर हम सोचना शुरू करते हैं तो अन्तर्मुखी हो जाते हैं, हमें अपने अन्तर्लोक में प्रवेश करना पड़ता है। प्राचीन काल से ही विभिन्न संस्कृतियों में तथा योग, दर्शन, तन्त्र जैसी विद्याओं में हमें अन्तर्लोक के

भीतर भी अन्य अनेक लोकों का पता चलता है। इन अनेक लोकों में प्रवेश करने पर हमें अनेक आयामों, अनेक रंगों, अनेक ज्योतिपुंजों का दर्शन होगा। जिन विद्याओं में इन लोकों का वर्णन है उनसे तो यही लगता है, और यह प्रत्यक्षत: सच भी है कि हमारे लिए इन लोकों की यात्रा बहुत सहज है। उसके लिए किसी तरह के उपग्रह की आवश्यकता नहीं, हमारा कल्पनायान ही हमें क्षणों में ही किसी भी लोक में पहुँचा सकता है और यह कल्पनायान तो हमारे अन्तर्लोक में ही पड़ा रहता है।

योग वाशिष्ठ की दो कथाएँ देखिए। ये लोक बहुलता के दृष्टान्त हैं या कल्पनायान के! विंध्यपर्वत पर रहनेवाले वीतहव्य की कथा मूलत: स्वप्रयत्नों से आत्मानुभति पाने के बाद समाधि अवस्था में एक के भीतर एक, इस तरह अनेक लोकों में (अनेक जन्मों) जाने की कथा है।

वीतहव्य की कथा

वीतहव्य का वास विन्ध्यपर्वतों में था। उन्होंने शास्त्रों के अनुसार बहुत से कर्म किये पर उन्हें शान्ति नहीं मिली। वे निर्विकल्प समाधि की साधना में लग गये। उन्होंने अपने मन और इन्द्रियों को नियन्त्रित किया और फिर अनवरत साधना के बाद उन्हें निर्विकल्प समाधि की अवस्था प्राप्त हो गयी। वे उस अवस्था में थे तभी उनकी देह पर धीरे-धीरे मिट्टी जम गयी। पूरा शरीर मिट्टी से ढक गया। समय पर उन्होंने अपने नेत्र खोले पर उनकी देह तनिक भी हरकत नहीं कर पायी। तब उन्होंने अपनी कल्पना में एक नये लोक की रचना की और एक मुक्त जीव के रूप में उस लोक में रहने लगे।

उस लोक में रहते हुए उन्हें अपनी पूर्व देह का स्मरण आया जो अभी मिट्टी से ढकी हुई थी। तब उन्होंने सौरमण्डल में प्रवेश किया और वहाँ से सूर्य की एक किरण प्राप्त करके उससे मिट्टी को हटा दिया और पुरानी देह अपनी अवस्था में आ गयी। अब वे जिस लोक में यह देह थी उस लोक में भी एक मुक्त प्राणी के रूप में रहने लगे। तदनन्तर उन्होंने देह से भी मुक्ति पा ली और देह इन्द्रियों और बुद्धि को पूर्ण संयमित करके असीम आनन्द के लोक में चले गये।

वशिष्ठ की कथा

एक बार वशिष्ठ मुनि एकान्त में ध्यान करना चाहते थे। उन्हें हर स्थान में विघ्नों-बाधाओं का सामना करना पड़ा। यहाँ तक कि आकाश में भी। तब वे शून्य लोक में चले गये और उन्होंने एक कुटी की कल्पना की और उसमें बैठ कर तपस्या करने लगे। उसी अवस्था में उन्होंने एक के बाद अनेक लोकों की यात्रा की। एक बार उनकी समाधि टूटी तो उन्हें बहुत मधुर संगीत सुनायी पड़ा। उन्होंने आकाश धारणा से उस ध्वनि के स्रोत का पता किया तो उन्होंने देखा कि एक शिला के पास एक पति-पत्नी रहते हैं। उन दोनों ने वशिष्ठ से आत्मज्ञान का उपदेश करने की प्रार्थना की। वशिष्ठ ने अपने योगबल से जान लिया कि पति का संकल्प-विकल्पमय चित्त नष्ट हो गया है और वह निर्विकल्प समाधि की अवस्था में पहुँच गया है। वशिष्ठ अपनी कुटी में लौट आये लेकिन उन्होंने वहाँ देखा कि वे अपना जो शरीर वहाँ छोड़ गये थे उसमें किसी सिद्ध की आत्मा प्रवेश कर गयी है। वशिष्ठ ने अपने संकल्प से अपनी पूर्व रचित कुटी को नष्ट कर दिया। कुटी के नष्ट होने के साथ ही देह भी नष्ट हो गयी। वशिष्ठ ने सिद्ध से यह पूरी कथा कही। फिर दोनों सिद्धलोक में जा कर रहने लगे।

इन दो कथाओं में इसके पात्रों का कितने 'बहुल' लोकों में आना-जाना लगा रहता है, इसका दृष्टान्त मिलता है। वशिष्ठ मुनि ने अपने मन के संकल्प से ही नये लोक की रचना कर ली, संकल्प से ही अपने रहने के लिए एक कुटी बना ली, फिर इन सबको नष्ट भी कर दिया, वह भी संकल्प से ही। इस लोक को जिसमें हम रहते हैं संकल्प-विकल्पमय जगत कहा जाता है। लेकिन ये सारे लोक कहाँ हैं इस पर थोड़ा विचार करने की आवश्यकता है। इस पर थोड़ा-सा भी ध्यान देंगे तो पाएँगे कि ये सारे लोक हमारे पास ही हैं। ये हमें आविष्ट किये हुए हैं। ये हमारे चित्त में भी हैं और हमारे चारों ओर भी हैं। यदि ये हमारे चित्त में नहीं होंगे तो हमारे चारों ओर भी नहीं होंगे और हमारे चारों ओर नहीं होंगे तो हमारे चित्त में भी नहीं होंगे। यह सारी लीला हमारे अन्तर्लोक में ही चल रही है। इसलिए पाठकगण विचार करें और हमारी बात पर सन्देह न करें। सन्देह को नष्टकारी माना गया है। सन्देह से ये सारे लोक नष्ट हो जाएँगे। इनको नष्ट करने से हमारे ज्ञान अर्जन में बाधा है।

विनयपूर्वक हमारा यह कहना है कि हमारे ब्रह्माण्ड में अनेक लोक हैं और उनमें एक काव्य लोक भी है। अन्य लोकों की तरह यह लोक भी कल्पनीय है, नि:सीम है और पूर्ण है। यह अतिविस्तीर्ण है, इतना बड़ा है कि अतीत में लिखी गयी सारी कविताएँ, वर्तमान में लिखी जा रही सारी कविताएँ, और भविष्य में सम्भव होनेवाली सारी कविताएँ वहाँ पर पड़ी हुई हैं। इनमें हर कविता पूर्ण है और इस प्रकार काव्यलोक भी पूर्ण है। काव्यलोक इन सारी पूर्ण कविताओं का एक समुच्चय है और इस काव्यलोक में हर प्रकृत कविता की भागीदारी है। कविताएँ कुछ भिन्न-भिन्न रीतियों, परिपाटियों, विषयों की हो सकती हैं। इससे काव्यलोक में उनकी नागरिकता में कोई अन्तर नहीं आएगा।

काव्यलोक की तरह ही ऐसे अनेक लोक अस्तित्व में हो सकते हैं। वे एक साथ एक ही देश और एक ही काल में अवस्थित हो सकते हैं। ध्यान देने पर हम उन लोकों को अपने ध्यान की परिधि में ला सकते हैं। हम इन पर ध्यान नहीं देते, इस कारण हमको इस लोक के अस्तित्व का पता नहीं चलता। कविता की उत्पत्ति, काव्यलोक, रचनालोक जैसे शब्द हमारी भाषा में बड़ी साधारणता से प्रयुक्त होते रहे हैं। इतनी साधारणता से कि हम एक क्षण के लिए भी रुक कर यह नहीं सोचते कि उस लोक की कोई स्थिति भी है या नहीं। अब जब हमने यह प्रश्न उठा दिया है तो कृपया क्षण भर के लिए रुकिये और सोचना शुरू करिये कि आप जिस-जिस शब्द का भी प्रयोग कर रहे हैं, उसका क्या अस्तित्व है और उसका किस रूप में अस्तित्व है। कभी भी यह सोचना व्यर्थ नहीं जाएगा और उसके लोकान्तरकारी और युगान्तरकारी भी परिणाम होंगे। कम से कम यदि आप काव्यलोक के अस्तित्व के बारे में सोचेंगे तो वह आप के लिए अस्तित्व में आ जाएगा। अगर वह अस्तित्व में नहीं है तो सोचिए कि आपकी कविता की क्या स्थिति होगी। वह कविता, सारी कविताएँ तो काव्यलोक में ही स्थित हैं।

कुछ ऐसा लगता है कि काव्यलोक में लेखन की प्रथा नहीं है। वहाँ जो भी कविताएँ हैं, वे सुनी ही जा सकती हैं। इसमें आश्चर्य नहीं होना चाहिए, उपनिषत् वाक्य है कि आरम्भ में केवल नाद ही था। उस नाद से ही यह निखिल विश्व अस्तित्व में आया। यह नाद ही व्यक्ति के चित्त की अभिव्यक्ति है, यह चित्त के अन्दर भी है और बाहर भी। इस नाद के

बिना किसी का अस्तित्व नहीं है। नाद ही प्रत्येक में स्पन्दन उत्पन्न करके उसे गतिशील रखता है। यह नाद शब्दरूप भी है, नाद की अभिव्यक्ति शब्द में होती है। शब्दरूप में ही संकल्प हमारे चित्त में उदित होता है। यह नाद प्राणरूप भी है, प्राण के प्रवाह से नाद उत्पन्न होता रहता है। यह नाद सम्पूर्ण ब्रह्माण्ड को स्पन्दित करके उसको अस्तित्व में रखता है।

दो

हिन्दी साहित्य के इतिहास में बहुत दिनों से सिद्धों, भक्तों और योगियों की गणना होती रही है। इनकी कविताओं में ऐसे तमाम शब्द आते हैं जो 'सिद्धलोक', 'भक्तलोक' अथवा 'योगलोक' के शब्द होते हैं। अब जब हिन्दी में आलोचना की विधा आ गयी है और कविताओं की आलोचना होने लगी है तो आलोचक लोग इन कवियों द्वारा प्रयुक्त शब्दों में निर्वचित अर्थ पर ध्यान नहीं देते। वे अपने चारों ओर स्थित लोकों को नहीं देखते। वर्तमान काल में लोगों में इन बहुल लोकों में आने-जाने की रीति ही नहीं रही है। इसलिए हमारे आलोचक 'सिद्धलोक', 'भक्तलोक' अथवा 'योगलोक' में जाने का प्रवेशपत्र नहीं माँगते। अगर वे इन लोकों में प्रवेश पा सकते तो उन कवियों द्वारा प्रयुक्त तमाम शब्दों के अर्थ समझ सकते, उन शब्दों का अपने 'लोक' की भाषा में अनुवाद कर सकते। अभी वे ऐसा करते हैं कि सिद्ध साहित्य या सन्त साहित्य के ऐसे तमाम पदों का जिनका सम्बन्ध आध्यात्मिक जीवन से होता है, जिनमें उनके अध्यात्मलोक की यात्रा में आये स्थानों का विवरण होता है, यदि वे उनका उल्लेख करते भी हैं तो इस तरह कि उस उल्लेख से उन पदों का कवि के लिए जो अर्थ है, वह विशेष अर्थ किसी की भी समझ में नहीं आता, वे अध्यात्मलोक की इस शब्दावली का अर्थ स्वयं भी नहीं समझते और किसी दूसरे को भी उनका अर्थ नहीं बता पाते हैं। उस विशेष अर्थ को पाने की उनकी कोई चिन्ता नहीं रहती। उन्होंने सम्भवत: 'सिद्धलोक', 'भक्तलोक' अथवा 'योगलोक' के अस्तित्व के विषय में कुछ सोचा नहीं होता। वह उस पद द्वारा निर्दिष्ट को जानने-समझने की कोई आवश्यकता महसूस नहीं करते। वह अपनी महती भूमिका का निर्वाह करने में असफल रहते हैं।

भारतवर्ष की स्वतन्त्रता प्राप्ति के कुछ पहले से ही हिन्दी के लेखकों और कवियों का अनुभव अपनी पूर्व पीढ़ियों के अनुभव से विच्छिन्न होता गया है। कुछ इस कारण भी कि नये कवियों के लिए प्रेरणास्रोत और आदर्श पश्चिम की समकालीन कविता हो गये थे। यह प्रेरणा कुछ अंशों में तो खड़ी बोली में कविता के प्रारम्भ काल से ही शुरू हो गयी थी। खड़ी बोली के प्रारम्भिक कवि शेक्सपियर से लेकर वर्ड्सवर्थ, शेली और आलिवर गोल्डस्मिथ की अँग्रेज़ी कविताओं के अनुवाद ही नहीं कर रहे थे, उन नमूनों पर आधारित कविताएँ भी लिख रहे थे। अँग्रेज़ी कविता में जब टी.एस. इलियट, जेम्स ज्वाएस और एजरा पाउण्ड ने साहित्य में न केवल नयी प्रवृत्तियाँ शुरू की बल्कि अपने लिए पहले के काव्य शास्त्र के विरुद्ध एक नया काव्य शास्त्र भी बनाने का प्रयत्न किया। वह प्रयत्न किस मात्रा में पुराने शास्त्र के कुछ मन्तव्यों का ही पुनर्कथन था या उसमें अन्य शास्त्रों की कुछ बातें जोड़ी जा रही थीं, अन्य लोकों की यात्रा करके वहाँ से कुछ पाया जा रहा था—अभी इन सब प्रश्नों पर विचार करने का स्थान नहीं है। कहने की आवश्यकता नहीं है कि पश्चिमी लोकों में हो रहे इस तरह के प्रयत्नों का प्रभाव कुछ दशकों के भीतर ही भारतीय लोकों पर और हिन्दी के समकालीन कवियों, साहित्यकारों पर भी पड़ा और उन्होंने भी एक नया काव्य शास्त्र बनाने की दिशा में कुछ न कुछ सोचा और लिखा। दुर्भाग्य की बात है कि वे ऐसी बौद्धिकता से ग्रस्त थे कि अपने कल्पना लोक की सत्ता पर उनका ध्यान नहीं जाता था। इसलिए वे स्वयं भी अपने बनाये काव्य शास्त्र की न तो प्रामाणिकता मानते लगते हैं, न ही प्रथम प्रयत्न के बाद उस काव्य शास्त्र का कोई उपयोग ही करते हैं।

नये लेखक ने अपने पक्ष में अनुभूति का प्रमाण पेश किया था। पश्चिम में उन दिनों रचना प्रक्रिया की भी बात चला करती थी। न केवल कुछ कवियों ने अपनी रचना प्रक्रिया के बारे में लिखा बल्कि दूसरे कवियों की रचना प्रक्रिया के ऊपर आलोचक लोग भी लिखने लगे। कभी–कभी एक छोटी–सी कविता की रचना प्रक्रिया का विश्लेषण करने के लिए सैकड़ों पृष्ठ की पुस्तकें लिखी गयीं। (उदाहरण के लिए कॉलरिज की कविता 'कुबला खान' पर 'द रोड टु ज़डाऊ' नामक ४०० से अधिक पृष्ठों की पुस्तक लिखी गयी)। अनुभव के विश्लेषण में वितर्क, विवेचन,

यथार्थ की भूमिका पर भी यथा अवसर जोर दिया जाने लगा था।

वस्तुत: अनुभव को किसी अन्य बाह्य पदार्थ (या यथार्थ) में विभाजित करने से बहुत कठिनाइयाँ उत्पन्न होती हैं। अनुभव केवल तत्काल का अनुभव नहीं होता, यह केवल इन्द्रिय संवेदों और भावनाओं का प्रवाह ही नहीं होता, इसमें सदैव ही विचार, तर्क और बहिर्जगत समाविष्ट होता है। ऐसा कोई भी संवेद 'रंग' नहीं होता जो साथ ही साथ विचार भी न हो। ऐसी कोई भी अनुभूति नहीं होती जो साथ ही तर्कणा भी न हो। कोई ऐसी स्वत: प्रेरणा नहीं होती जो साथ ही ज्ञान भी न हो। ये तत्त्व एक दूसरे में विलुप्त नहीं हो जाते। बल्कि ये पूर्ण अनुभव के अविच्छिन्न अंग होते हैं। इनको सोचने-समझने के लिए अंगीभूत रूप में देखा-समझा जा सकता है, लेकिन इनको कभी भी अलग-अलग बाँटा नहीं जा सकता।

यह बार-बार कहने की बात नहीं है कि काव्य या साहित्य एक समग्रता की सृष्टि होती है। इस समग्रता में विजातीय पदार्थों को अलग-अलग नहीं पाया जा सकता। सारे पदार्थ मिल कर एक लोक की सृष्टि कर रहे होते हैं। पाठक उस रचना में प्रवेश करके उस लोक में प्रवेश करता है। इस लोक में अनेक लोक सम्पृक्त होते हैं। असंख्य, संख्य, नि:सीम और सीमित रचनाओं का एक लोक है और वे सब, सारी कविताएँ-रचनाएँ मिल कर एक ही लोक में समाविष्ट होती हैं। जहाँ हम दैनन्दिन जीवन जी रहे होते हैं, वह भी एक लोक ही होता है, इसीलिए उसकी तुलना में काव्यलोक अलौकिक होता है। इस अलौकिक लोक का दैनन्दिन लोक से कोई आत्यन्तिक द्वन्द्व नहीं है। दैनन्दिन लोक को अगर सम्पूर्ण बनाया जा सके, तो उसे 'अलौकिक लोक' में समाविष्ट किया जा सकता है, क्योंकि यह अलौकिक लोक सम्पूर्णता का ही बना हुआ है। दैनन्दिन लोक में मनुष्य के कार्यशील होने के प्रयोजन हो सकते हैं। अनेक प्रयोजन एक से अथवा एक दूसरे के विरोध में काम कर रहे होते हैं। इसलिए उसको सम्पूर्णता में जान पाना कल्पना लोक में जा करके ही सम्भव है।

तीन

इस अलौकिक लोक की सत्ता क्या है? यदि दार्शनिक स्तर पर इस प्रश्न का विवेचन करें तो अद्वैत की शब्दावली में इसे सद्-असद्-विलक्षण

कहा जाता है। दैनन्दिन जीवनवाले जगत को माया या मिथ्या कहा जा सकता है, लेकिन अलौकिक लोक पर मिथ्यात्व का आरोपण नहीं हो सकता। अलौकिक लोक सस्ता के आरोपण और निषेध से भी परे हैं।

यदि अलौकिक लोक की संकल्पना की जा सकती है तो उसे अनिवर्चनीय भी मानना पड़ेगा। वह लोक वाक् में अवस्थित है, परन्तु वह वाक् अभी व्यंजित होने के कगार पर है। वहाँ शब्द अभी माध्यमा अवस्था में है। काव्य रचना के क्रम में कवि दैनन्दिन लोक से अन्तर्लोक में प्रवेश करता है। इस अन्तर्लोक में बाह्यांश से अन्तर्मुखी गति ग्रहण कर अन्तरतम के केन्द्र में पहुँच जाता है।

> ‘अन्तर्लोक भावराज्य है। इसे ह्रद भी कहते हैं। वस्तुतः भावराज्य का विकास अन्तर्लोक में प्रवेश और अन्तरतम के केन्द्र में प्रवेश—ये सारी अवस्थाएँ भिन्न अवस्थाएँ नहीं हैं। केवल समझने के लिए एक ही अवस्था को कई चरणों में कहा जा रहा है। यहाँ जिस अन्तर्लोक में प्रवेश हुआ है, उसे भावराज्य भी कह सकते हैं, भावलोक भी कह सकते हैं और भावदेव भी कह सकते हैं। रचना के पूर्ण अवतरण के लिए तब तक साधना करनी पड़ती है, तब तक लक्ष्य का उन्मीलन करते रहने का और करते रहने में लगा रहना पड़ता है जब तक ये भावदेह को प्राप्त न हो जाएँ। भावलोक को कुछ दार्शनिक सम्प्रदायों में चिदाकाश भी कहा जाता है। चिदाकाश की प्राप्ति अविद्या या माया का व्यवधन कट जाने पर ही होती है।’
>
> (गोपीनाथ कविराज)

> ‘भाव में प्रवेश के साथ-साथ एक लक्ष्य प्रतिष्ठित होता है। किसी वृत्ताकार गोलक के बर्हिदेश से उसके केन्द्र की ओर आवर्त क्रम से चलने पर भावलोक के केन्द्र में पहुँचनेवाली गति प्राप्त होती है। वह गति जब केन्द्र में अवस्थित हो जाती है, तो भावलोक सम्पूर्ण हो जाता है, और वहाँ से वह उस महालोक में भी सम्पृक्त हो जाता है। यह भावलोक ही कवि की स्वभूमि है।’
>
> (गोपीनाथ कविराज)

जिन लोगों ने इस भाव लोक का अनुभव किया है, उनके अनुसार यह ही ज्योतिर्लोक भी है। वह चारों ओर एक अनन्त प्रकाश से वेष्ठित है क्योंकि भावलोक आनन्द की पूर्ण अभिव्यक्ति का लोक है। भक्त कवियों ने इस लोक का अनेक रूपों में वर्णन किया है। वे भावलोक को बाह्य जगत और अन्तर्जगत के गुणों से अतीत, सृष्टि से अतीत, मोह-माया और महामाया से

> भी अतीत अनन्त परम सत्ता मानते हैं, जो असंख्य रूपों में है, वह भी एक साथ सत् एवं असत् है, साथ ही उभयातीत भी है। यह अचिन्त्य, अनन्त, अस्फूर्त आनन्द का लोक है।
>
> 'बहिर्लोक और अन्तर्लोक में एक ही गति है। लेकिन दोनों अलग-अलग दिशाओं में गतिमान हैं। जब तक बहिर्लोक का भेदन नहीं होता तब तक अन्तर्लोक में प्रवेश नहीं होता। जब तक अन्तर्लोक का भेदन नहीं होता तब तक उस महालोक में प्रवेश नहीं मिलता, जो महाज्योति का लोक भी है।'
>
> (गोपीनाथ कविराज)

अन्तर्लोक और बहिर्लोक भिन्न लोक नहीं हैं। तार्किक दृष्टि में यह कथन दोनों लोकों में अभिन्नता की स्थापना नहीं करता। तात्विक अर्थ में अन्तर्लोक और बहिर्लोक एक ही है।

चार

यदि हम हृत्लोक के केन्द्र में स्थित बिन्दु की वाग्लोक के रूप में कल्पना करें या उसे शब्दलोक कहें तो हम वहाँ से प्रसूत और प्रेरित शब्द की वृत्तियों की भी कल्पना कर सकते हैं। ये वृत्तियाँ सर्वत्र और सारे लोकों में व्याप्त हैं। इन वृत्तियों की चर्चा साहित्य शास्त्र और अर्थ विज्ञान में की गयी है। इन्हें शब्द शक्ति भी कहा गया है। इनमें से किन्हीं शास्त्रों में तीन और किन्हीं शास्त्रों में चार वृत्तियों की बात कही गयी हैं। ये वृत्तियाँ शब्द में शक्ति के स्फुरण से लेकर उसके व्यक्तीकरण तक की अवस्थाएँ हैं।

'लोक की तरह ही इनको आकाश भी कहा जा सकता है क्योंकि वहाँ वायु का प्रभाव होता है। मनुष्य के भीतर होने पर इस वायु को प्राण भी कहते हैं। वाणी बनने के लिए यह वायु कण्ठ में रहती है और वैखरी शक्ति को पा कर यह व्यक्त भाव में आ जाती है जिसे दूसरे व्यक्ति सुन सकते हैं।' वैखरी अवस्था में शब्द को सुना और समझा जाता है। ध्वनि निकलने के लिए कण्ठ में स्थित वायु विधृत हो कर वर्ण का आकार धारण करती है। यह भी कहा जा सकता है कि इस प्रक्रिया में चिदाकाश से भाषा का आकार ग्रहण कर रही है। लेकिन बोलने और सुने जाने के पहले की अवस्था में मध्यमा शक्ति कार्य कर रही होती है। मध्यमा शक्ति परामर्श ज्ञान स्वरूप है। यह केवल बुद्धि का परिणाम है जो विशिष्ट

और स्फूर्त शब्द का कारण होती है।

शब्द की इससे भी पहले की अवस्था पश्यन्ती शक्ति के रूप में समझी जाती है। इसमें या इस अवस्था में ध्वनि वर्णों में बँटी नहीं होती। इस अवस्था की उपमा पक्षी के अण्डे से दी गयी है जिससे फूट करके जीव निकलनेवाला है। यह अर्थरूपी जीव मध्यमा रूप में बुद्धिभूत होगा और वैखरी वृत्ति में व्यक्त हो कर श्रुतिगम्य हो जाएगा। शब्द की पराशक्ति बुद्धि की अविधेयात्मक अवस्था में जन्म ले रही होती है। यह सुषुप्ति अवस्था में भी उपलब्ध होती है। लेकिन इसका प्रत्यक्ष ज्ञान विवेक से ही हो सकता है। जब तक विवेक का उदय न हो, मनुष्य के शब्दानुबिद्ध ज्ञान से परे होने पर ही इसका निर्विकल्प ज्ञान सम्भव होता है।

मनुष्य की वाणी अनेक प्रकार के अर्थों का वाहक हो सकती है। इसी प्रकार काव्यलोक से अवतरित कविताएँ भी अनेक अर्थों का वाहक होती हैं। इसमें एक प्रधान अर्थ लौकिक जीवन के व्यवहार से जुड़ा होता है। भौतिक ज्ञान से लेकर गणितीय ज्ञान तक का वहन भाषा की इस रीति में आ जाता है। यहाँ पर भाषा तर्क बुद्धि का आश्रय ले रही होती है। जैसा ऊपर कहा गया शब्दों की अनेक शक्तियाँ हैं। ये शक्तियाँ तब प्रकट होती हैं जब मनुष्य काव्यलोक से संवाद करता है।

पाँच

मनुष्य का काव्यलोक से संवाद अपने भावलोक में पहुँच जाने पर ही सम्भव हो सकता है। जिस तरह मनुष्य के हृदय में हमेशा स्पन्दन होता रहता है उसी तरह काव्यलोक निरन्तर स्पन्दनशील है। संवाद कायम होने पर भावलोक और काव्यलोक एक साथ स्पन्दन करने लगते हैं। काव्यलोक से भावलोक में अवतरण शुरू हो जाता है। इस स्पन्दन और अवतरण को संवाद कहा जा सकता है।

माना यह जाता है कि संवाद दो या अनेक लोगों के बीच होता है। प्रचलित भाषा में यह परम पारिभाषिक-सा हो गया है, रूढ़-सा हो गया है कि संवाद अर्थात् अनेक लोग। लेकिन कभी आप अपने अन्तर्लोक में प्रवेश करें। आप पाएँगे कि वहाँ निरन्तर संवाद चल रहा है। इस संवाद में

आप स्वयं हैं और आपने स्वयं अपना एक प्रतिरूप बना रखा है जिसके साथ आप संवाद कर रहे हैं। अगर आपके अन्तर्लोक में प्रश्नोत्तर चल रहा है तो आप ही पूर्व पक्ष भी हैं और उत्तर पक्ष भी। बहुत सारे प्राचीन ग्रन्थ जिनमें आगम ग्रन्थ भी शामिल हैं, शिव-पार्वती अथवा उमा-माहेश्वर के संवाद के रूप में हैं। लेकिन माना यह जाता है कि शिव-पार्वती दोनों एक ही हैं, एक ही पात्र प्रश्न पूछ भी रहा है और उसका उत्तर भी दे रहा है। यह संवाद अन्तर्लोक में एक ही पात्र कर रहा है। श्री अभिनवगुप्तपादाचार्य ने अपने गीता भाष्य में यह लिखा है कि गीता को बोलनेवाले, सारी शंकाओं का समाधान करनेवाले श्री कृष्ण और शंका व्यक्त करनेवाले और उत्तर सुननेवाले अर्जुन ये दोनों एक ही पात्र हैं और ये हमारे अन्तर्लोक के वासी हैं। उनका यह संवाद हमारे अन्तर्लोक में सतत चल रहा संवाद है। हमारे-आपके अन्तर्लोक में ही यह सतत द्वन्द्व चल रहा है। कभी हम अनिर्णय में पड़े रहते हैं, कभी हमको कोई सरल-सा समाधान मिल जाता है, अन्यथा यह द्वन्द्वभरा संवाद चलता ही रहता है।

यह स्पष्ट होने के बाद कि संवाद वस्तुतः अन्तर्लोक में होता है और अपने ही बीच होता है तो यह भी प्रकट हो जाता है कि काव्यलोक की अवस्थिति अन्तर्लोक में ही है और इस प्रकार आपकी अवस्थिति भी जितनी अन्तर्लोक में है उतनी ही काव्यलोक में और आपके भीतर ही काव्यलोक और अन्तर्लोक का संवाद चल रहा है। यह संवाद आपको ही करना है।

अब जब काव्यलोक के साथ संवाद आपके भीतर ही चल रहा है तो आवश्यक है कि वह संवाद आप ही करें। इस संवाद में यह छूट नहीं है कि कोई भी आये और संवाद में सम्मिलित हो जाय। संवाद लोक में प्रवेश पाने के लिए इसके अपने अन्तर्लोक में होने के बावजूद असंख्य सीढ़ियों पर चढ़ने का संकल्प करना पड़ेगा और अगली सीढ़ी पर पहुँचने के बाद आगे की सीढ़ियों की संख्या प्रत्येक पूर्वानुमान से बढ़ती हुई लगेगी। हर सीढ़ी पर एक द्वारपाल होगा। नालन्दा महाविहार के द्वारपालों की तरह ही हर द्वार पर पूर्वसूरियाँ कुछ प्रश्न पूछ रही होंगी। उन प्रश्नों का उत्तर पाने के बाद ही आगे जाने की, अगली सीढ़ी पर पाँव रखने की अनुमति मिलेगी। यह अनुमति मिलने पर ही अन्तर्लोक और काव्यलोक के बीच संवाद का अगला चरण आएगा। प्रकट है कि काव्यलोक से

संवाद सरल कार्य नहीं है। इस कार्य में अकेले को ही लगना पड़ता है और अकेले ही एक-एक सीढ़ी पर चढ़ना होता है। तब काव्यलोक से संवाद पूर्ण होता है।

छह

> 'हम सभ्य मनुष्य न तो अपने को अथवा विश्व को जानने में तत्परता से लगी किसी जिज्ञासा के, न ही पीढ़ी दर पीढ़ी संचित ज्ञान के उत्तराधिकारी हैं। हमें सभ्यता से उत्तराधिकार में यह संवाद ही मिला है जो किसी अतीत में किन्हीं वनों में शुरू हुआ होगा और आज तक यह संवाद हम दूसरों के साथ और अपने अन्तर्लोक में भी चलाये जा रहे हैं। मनुष्य और पशु में भेद इस बात का नहीं है कि मनुष्य सुसंगत तर्क कर सकता है, विश्व के बारे में ज्ञान प्राप्त कर सकता है या अपनी स्थिति को बेहतर बनाने के उपाय सोच सकता है, बल्कि मनुष्य और पशु के बीच में भेद केवल यह है कि मनुष्य इस संवाद में संलग्न है जो मानव-विकास-प्रक्रिया में कभी शुरू हुआ और अभी तक वह संवाद चलता ही जा रहा है। हम उन वानरों की सन्तान हैं जो पहले पूँछधारी हुआ करते थे और दोनों हाथों को भी ज़मीन पर रख कर झुके हुए चला करते थे पर वे अचानक बैठ कर संवाद करने लगे और इस अनवरत संवाद में इस तरह मग्न हो गये कि सब कुछ भूल गये और झुके रहने के बजाय खड़े होने लगे, पूँछ गँवा बैठे और मनुष्य बन गये।'
>
> (माइकेल ओकशाट)

इस अनवरत संवाद में अनेक वाणियाँ संलग्न हैं। इस संवाद में संलग्न प्रत्येक वाणी मनुष्य की किसी न किसी गतिविधि की द्योतक है। संवाद जब भी आरम्भ हुआ तब यह भी नहीं पता रहा होगा कि कहाँ तक जाएगा, यह क्या किसी निष्कर्ष पर पहुँचेगा? यह अवश्य हुआ कि संवाद चलते रहने की प्रक्रिया में उसका विशेष चरित्र निर्धारित हो गया। संवाद की रीति बन गयी, और संवाद में नयी-नयी उद्भावनाएँ प्रकट होने लगीं।

सात

एक प्रश्न यह उठता है कि काव्यलोक की भाषा क्या है। हमारा यह सुनिश्चित अनुभव है कि काव्यलोक की भाषा हिन्दी ही है, यह हिन्दी

संस्कृत के अंक में बैठी हुई है। इस हिन्दी का पालन–पोषण संस्कृत द्वारा ही हो रहा है। ऐसा ही होना भी चाहिए क्योंकि संस्कृत की वर्णमाला ही हिन्दी की वर्णमाला है। हमारे प्राचीन मनीषियों ने पाया है कि इस जगत की सृष्टि इस वर्णमाला से हुई है। यह जगत वर्णमय ही है। काव्यलोक भी वर्णमय ही है।

हमारी वर्णमाला में निखिल ब्रह्माण्ड सम्पृक्त है। वर्णमाला के पूर्णत्व के कारण ही यह ब्रह्माण्ड सम्पूर्ण है बल्कि इस वर्णमाला से बना हुआ हर लोक सम्पूर्ण है। हर वर्ण में नि:सीम शक्ति होती है और वह ज्योतिपुंज होता है। वर्णमाला चित्त रूप भी है इसीलिए इन वर्णों के मिलने से ही हमारा चित्त बना हुआ है। चित्त की गति हमारे कण्ठ, तालु, जिह्वा और ओष्ठ को गतिमान करती है। शैव दर्शन और अनेक तन्त्रों के अनुसार 'अ' से लेकर 'अ:' तक सोलह (१६) स्वर भगवान शिव के द्योतक हैं। शिव में ही ३६ तत्त्व विराजते हैं। इसके अतिरिक्त शिव में ही चित्त, आनन्द, संकल्प, ज्ञान और कर्म—ये पाँच शक्तियाँ भी हैं। ये सब मिल कर शिव को सम्पूर्ण तत्त्व बनाती हैं। यह तो प्रसिद्ध ही है कि भगवान पाणिनि ने अष्टाध्यायी के शुरू में वर्णमाला दी है और प्रसिद्ध है कि वर्णमाला भगवान शिव के डमरू से निकली हुई ध्वनियाँ हैं।

वर्णमाला के प्रथम दो स्वराक्षरों 'अ' और 'आ' से ही ककार के व्यंजन वर्ण बनते हैं। 'क, ख, ग, घ, ङ' में चित् और आनन्द की शक्ति अन्तर्निहित है। ये पाँच व्यंजन पृथ्वी, जल, अग्नि, वायु और आकाश का द्योतन करते हैं। 'इ' और 'ई' संकल्प शक्ति से प्रसूत हैं और इनसे 'च, छ, ज, झ, ञ' की उत्पत्ति होती है। ये पाँच व्यंजन पाँच सूक्ष्म इन्द्रिय संवेदों—घ्राण शक्ति, स्वाद, रूप, स्पर्श, ध्वनि—इन पाँच शक्तियों के द्योतक हैं। 'द्द' और 'ट्ट' पाँच शक्तियों से मिल कर—'त, थ, द, ध, न'—इन व्यंजनों की रचना करते हैं जो पाँच कर्मेन्द्रियों को कर्मरत करते हैं। पाँच शक्तियों से ही स्वर 'उ' और 'ऊ' से मिल कर 'प, फ, ब, भ, म'—इन व्यंजनों की उत्पत्ति होती है। ये व्यंजन मन, बुद्धि अहंकार, प्रकृति, के तत्त्व हैं जिनका अधिष्ठान पुरुष में है। 'य, र, ल, व'—ये अर्धस्वर उन छह तत्वों के द्योतक हैं जो सब तत्वों का आवरण है। 'स, श, ष, ह' से पुरुष तत्त्व की अभिव्यक्ति होती है। इसमें से 'ह' शिव की स्वत:-स्फूर्त शक्ति–शिव शक्ति को व्यक्त करता है अर्थात 'ह' बहिर्लोक

का भी द्योतक है। इस प्रकार पृथ्वी से लेकर पुरुष तक २५ तत्त्व हैं। शिव की प्रत्येक शक्ति में ऊपर उल्लिखित पाँचों शक्तियाँ भी रहती हैं। इस तरह चित्, आनन्द, संकल्प, ज्ञान और कर्म एक दूसरे में और शक्तियों में सर्प की कुण्डली की तरह लिपटे रहते हैं।

यहाँ जो बातें कही जा रही हैं वे हमारी वर्णमाला का विवरण मात्र हैं। इस वर्णमाला में किस तरह सम्पूर्ण ब्रह्माण्ड आवेष्ठित होता है और किस तरह मनुष्य की क्रियाएँ वर्णमाला से परिचालित होती हैं, इसको निर्दिष्ट किया गया है। इसी को (अर्थात अक्षरों को) मातृका चक्र कहते हैं। जैसा देखा गया, इस चक्र में अन्तर्लोक भी है, बहिर्लोक भी है और ज्ञानलोक भी है। हम स्वयं बहिर्लोक में क्रियमाण हैं, और हमें प्रायः ज्ञानलोक और अन्तर्लोक का संज्ञान नहीं होता। लेकिन जैसे ही हम मातृका चक्र को अपने अन्तर्लोक में अन्तर्निहित करते हैं तो बहिर्लोक और अन्तर्लोक एक हो जाते हैं। यह आत्मज्ञान की अवस्था है। 'अ' में अन्तर्लोक है, 'ह' में बहिर्लोक है। ये दोनों शिव-शक्ति के द्योतक हैं। पाणिनि की अष्टाध्यायी का प्रथम सूत्र 'अ, इ, उ' है। 'अ, इ, उ' से ही अन्य सभी वर्ण उत्पन्न होते हैं (जैसे 'अ' से 'आ')। और विसर्ग ':' आने के बाद 'क' से 'स' तक के वर्ण उत्पन्न होते हैं। इन्हीं पचास वर्णों से सम्पूर्ण ब्रह्माण्ड उत्पन्न होता है। ऊपर ब्रह्माण्ड के ३६ तत्त्व (स्थूल तत्व-पृथ्वी, जल, तेजस्, वायु आकाश; सूक्ष्म तत्व-गन्ध, रस, रूप, स्पर्श, शब्द; कर्मेन्द्रिय—वाक्, पाणि, पाद, पायु, उपस्थ; ज्ञानेन्द्रिय-घ्राण, रसना, चक्षु त्वक्, श्रोत्र; अन्तरांग-मनस्, बुद्धि, अहंकार; प्रकृति-प्रकृति, पुरुष; बन्ध-कला, विद्या, राग, काल, नियति, माया; शुद्ध तत्व—शुद्ध विद्या, ईश्वर; सदाशिव-शक्ति, परमशिव) देखे गये हैं। इनमें से अन्तिम परम शिव न केवल शिव तत्त्व में नहीं है, न केवल शक्ति तत्त्व में नहीं है, न केवल यहाँ नहीं है, न केवल वहाँ नहीं है। लेकिन यह सर्वत्र है, यह उच्चतम तत्त्व में भी है, न्यूनतम तत्त्व में भी उपस्थित है इसीलिए यह कहीं भी नहीं है।

काव्यलोक में यही वर्णमाला है। इसीलिए काव्यलोक में हिन्दी भाषा ही चलती है। यह हिन्दी भाषा संस्कृत के अंक में बैठी हुई है। हिन्दी क्षेत्र की सभी लोक भाषाओं ने इसे तेजस्वी होने का वरदान दिया है। काव्यलोक की इस भाषा में ब्रह्माण्ड के सारे ३६ तत्त्व आ गये हैं। किन्हीं विजातीय

तत्वों से इस भाषा के संकरित होने से काव्यलोक की क्षति होती है। उसमें हमारे हृदय के स्पन्दन के साथ होनेवाले स्पन्दन में रोध आने लगते हैं। इस बात को समझनेवाले चाहें तो समझ सकते हैं। इस समझ के साथ ही संवाद चल सकता है।

आठ

हम देख चुके हैं कि संवादशीलता मनुष्य की महानतम उपलब्धि है। संवादशीलता ने ही उसकी प्रकृति का निर्धारण किया है। लेकिन यह बात भी सच है कि मनुष्य दीर्घकाल तक एक ही कार्य में नहीं लगा रह सकता। इस तरह अनवरत संवाद चलते हुए भी वह उसमें सदैव संलग्न नहीं रह सकता। अन्तर्लोक और काव्यलोक के बीच चल रहा संवाद अचानक रुक जाया करता है और उस संवाद के पुनः शुरू होने के बारे में कुछ भी निश्चित नहीं कहा जा सकता। फिर भी गतिरोध के कारणों पर विचार किया जा सकता है।

कहा गया है कि संवाद में जो दो होते हैं वह मूलतः एक ही होता है। अन्तर्लोक में चल रहा संवाद जो दो के बीच में हो रहा होता है वह एक ही का दो हो जाना है। इस तरह इन दोनों की एक ही जाति है। इनमें किसी विजातीय का प्रवेश निषिद्ध है। अगर संवाद में तीन हो जाएँगे तो संवाद नहीं रहेगा। संवाद में तीसरे व्यक्ति का प्रवेश इसलिए भी कठिन है क्योंकि संवाद में भाग लेनेवालों का मानसिक धरातल एक जैसा होना चाहिए, उनकी सोच एक जैसी होनी चाहिए, उनका शब्दकोष समान होना चाहिए, उनकी एक जैसी भाषा होनी चाहिए, वे एक जैसे अनुशासन के लोग होने चाहिए और उन्हें तत्वतः एक ही होना चाहिए। किसी भी तीसरे व्यक्ति का प्रवेश अलग मानसिक धरातल, अलग सोच, अलग शब्दकोश, अलग भाषा, और अलग अनुशासन के कारण संवाद को भंग कर देगा। इसीलिए अन्तर्लोक में चल रहा संवाद वस्तुतः एक ही व्यक्ति के बीच में चल रहा संवाद होता है। अन्तर्लोक और काव्यलोक का संवाद भी एक ही व्यक्ति का अपने से संवाद है। यह संवाद चलता रहे इसके लिए यह भी आवश्यक है कि उसका कुछ फल निकलता रहे और उस संवाद में कुछ आनन्द मिलता रहे। इसका अर्थ यह है कि संवाद में

लोक वैविध्य का विसर्जन भी हो जाता है। सारे लोक विलीन हो कर एक लोक हो जाते हैं। एक साथ उपस्थिति फिर साथ ही अनुपस्थिति— इसकी समझ ही मनुष्य को समझनेवाला बनाती है। संवाद चल ही रहा है तो जिनके भी बीच चल रहा है (अर्थात अन्तर्लोक और काव्यलोक के बीच) वह उन्हीं के बीच हो सकता है जो एक-दूसरे की बात पर सिर हिला सकते हों, धन्य-धन्य, साधु-साधु कहते रह सकते हों, यह आत्म प्रशंसा विविध लोकों के बीच बने रहे सद्‌भाव की द्योतक है जो संवाद को सम्भव बनाती है।

हमारे सार्वजनिक जीवन की यह बड़ी विडम्बना है कि खड़ी बोली के विकास के साथ-साथ शब्दों की अर्थवत्ता पर से ध्यान शिथिल होता गया है। अब तो खड़ी बोली के आगे के विकास की कल्पना भी नहीं की जा सकती। शिक्षा में लगातार गिरावट और हमारे हर वर्ग में अधकचरी अँग्रेज़ी के भयंकर प्रभाव के कारण खड़ी बोली एक संकर कुभाषा का रूप ग्रहण कर रही है। हमारे आचरण में यह अनिवार्य नहीं रह गया है कि हम अपने द्वारा व्यहृत शब्दों का प्रयोग गम्भीरतापूर्वक करें। अन्यथा अनन्तकाल से चल रहा काव्यलोक के साथ संवाद समाप्त हो जाएगा। यह स्थिति चिन्तन, विचार और सृजन के लिए भी विनाशकारी है। शब्दों का प्रयोग जिन निश्चित अर्थों, व्यंजनाओं में किया गया है, वे समादृत होने चाहिए। पारिभाषिक शब्दों के जो अर्थ भिन्न प्रस्थानों में मान्य हैं उनको समझने के लिए विशेष प्रयत्न आवश्यक है। हम भाषा लोक में अवश्य प्रवेश करें और उस प्रवेश के लिए अपेक्षित पूर्ण प्रयत्न भी करें।

सन्दर्भ

भारत में ईसवी संवत् के पूर्ण मान्य हो जानेवाले युग, बीसवीं सदी में जनम कर और बड़ा हो कर, परिवारों में बालक-बालिकाओं को अर्थकरी विद्या का मार्ग सुझानेवाले ज्येष्ठों की बातें अनसुनी करते हुए, अर्थागम के अधिकांश

रास्ते अपने लिए बन्द करते हुए मात्र अपनी जिज्ञासावश पश्चिम के, विशेषकर आधुनिक काल के साहित्यों और विचारधाराओं की पुस्तकें पढ़ने में जीवन का बड़ा भाग व्यतीत करना अब व्यर्थ लगता है। कोई गुरु न होने के कारण ऐसा हुआ होगा। लेकिन कहा जाता है कि कोई भी प्रयत्न व्यर्थ नहीं होता। इसकी कोई सार्थकता रही होगी। इस क्रम में सर्वत्र ही बहुत कम प्रामाणिकता देखने को मिली। अन्ततः केवल निम्नलिखित विचारकों को ही मूल और प्रमाण मान कर उनके लिखे का पारायण, उस पर चिन्तन–मनन करने का समय पाने की चेष्टा की जाती है।

ऊपर के आलेख में की गयी कोई भी स्थापना मौलिक नहीं है। (वैसे हमारे एक गुरुतुल्य मौलिकता को कोई बड़ा मूल्य नहीं मानते थे)। जो कुछ कहा गया है वह इन्हीं विचारकों से प्राप्त है। अगर ऐसे प्रश्नों में कोई रुचि हो तो जिज्ञासु लोग इन विचारकों के अध्ययन को फलवान पाएँगे।

ऊपर लिखे में कुछ प्रसंग अन्य लेखकों के प्रभाव के भी हैं, अनेक अन्य विचारकों को यथास्थान इंगित किया गया है।

आनन्द कुमारस्वामी : 'सेलेक्टेड एसेज' (नयी दिल्ली, आक्सफोर्ड यूनिवर्सिटी प्रेस)

आनन्द कुमारस्वामी : 'ट्रांसफारमेशन ऑफ़ नेचर इंटू आर्ट' (नयी दिल्ली, मुंशीराम मनोहरलाल)

आनन्द कुमारस्वामी : 'द बग बियर ऑफ़ लिटरेसी' (नयी दिल्ली, मुंशीराम मनोहरलाल)

महामहोपाध्याय श्री गोपीनाथ कविराज : तान्त्रिक वांग्मय में शाक्त दृष्टि (पटना, बिहार राष्ट्रभाषा परिषद)

जनार्दन मिश्र : भारतीय प्रतीक विद्या (पटना, बिहार राष्ट्रभाषा परिषद)

माइकेल ओकशाट : 'आन ह्यूमन कंडक्ट' (लन्दन, मेथुएन)

माइकेल ओकशाट : रैशनलिज़्म इन पालिटिक्स एंड अदर एसेज' (लन्दन, मेथुएन)

ओवन बारफील्ड : 'हिस्ट्री इन इंगलिश वर्ड्स' (लन्दन, फेबर एंड फेबर)

ओवन बारफील्ड : 'सेविंग द ऐपियरेन्सेस' (लन्दन, फेबर एंड फेबर)

ओवन बारफील्ड : 'ह्वाट कालेरिज थाट' (लन्दन, फेबर एंड फेबर)

आरजी. कालिंगबुड : 'ऐन आटोबायोग्राफी' (नयी दिल्ली, आक्सफोर्ड यूनिवर्सिटी प्रेस)

आर.जी. कालिंगवुड : 'द आइडिया ऑफ़ हिस्ट्री' (संशोधित संस्करण) (नयी दिल्ली, आक्सफोर्ड यूनिवर्सिटी प्रेस)

रंगनाथ पाठक : स्फोट दर्शन (पटना, बिहार राष्ट्रभाषा परिषद)